Master of Business Administration
& Japanese management

MBAと
日本的経営

海外 MBA 派遣制度の実態と構造

Ami KIM　**金　雅美**

学 文 社

はしがき

　日本企業が海外のビジネススクールに社員を派遣して，MBA（Master of Business Administration）学位を取得させる制度を開始してから，すでに70年以上が経過した。日本経済のバブル崩壊やリーマンショックなど，歴史の荒波を乗り越えてきた制度である。海外教育制度の花形として，中心的な役割を担うとともに，留学したい社員の夢を実現させてきた。

　社員1人をMBA留学させるには，留学中の給与を含めると，二千万円以上もかかる。多額な費用をかける制度に対し，費用対効果が悪いと考える企業は，すでに制度を廃止した。今日まで制度を継続する企業は，かなり少ない可能性が，本著での調査から見えてきた。企業が制度を継続する理由は何であろうか。

　その理由は，各企業の派遣目的の中に隠れていた。企業がMBAホルダーを育成する理由として，将来の経営幹部候補やグローバル・マネジャーの育成のためと考えるのが一般的である。しかしその背後に，制度が存在することによる若手社員や優秀な入社希望者に対する誘因目的が隠れていることに，企業は気付きながらも，重要な派遣目的とは考えてこなかった。

　上記の2つの派遣目的は，車が進むための両輪のように機能するからこそ，企業は制度を継続することが可能であった。そして2つの派遣目的は，その後に続く，MBAホルダーに期待される修得スキル，派遣者の選抜，留学中の中間フォローと帰国後の報告，留学中と帰国後の処遇という構成要素に，それぞれの目的が異なる比重で影響を与えるため，MBAホルダーが継続勤務を続けるか，退職するかを決める要因の一つになっていた。そこには，MBAホルダーが退職しやすい構造と，継続勤務しやすい構造が存在した。

　一見すると複雑に思われやすい海外MBA派遣制度（海外のビジネススクールに社員を派遣して，MBA学位を取得する海外教育制度の一施策のこと）は，上記の

構成要素の内容を明らかにし，要素同士の関係を探ることで，構造の全体像が見えてくる。そこには，一貫した制度の流れが存在しないことが，企業がこの制度に頭を悩ませてきた原因である。MBAホルダーの帰国後の退職問題に加え，派遣者の選抜方法や活用方法，処遇の仕方など，制度の流れの中で，一貫した決定がなされるケースはほとんどない。そこが制度の核心的課題だったのである。

　2020年からのコロナ禍では，この制度をめぐる状況が一変した。海外MBA派遣制度は一時停止されるとともに，企業はこの制度の方向を検討することが必要になった。GMAC（Graduate Management Admission Council）によるコロナ禍での調査では，世界中のビジネススクールへの入学希望者の前年度からの増加率が，歴史上最も高く，なかでもオンラインMBAへの入学希望者の増加率が，パートタイムやフルタイムなどの形態のビジネススクールへの入学希望者の増加率よりも高い傾向を示している（GMAC, 2020：35）。つまり海外MBA派遣制度でも，オンラインMBAという新しい形態でのMBA学位の取得方法を考慮することが必要になった。本著でのコロナ禍直前の調査では，ほとんどの企業が，海外のオンラインMBAの導入に対する関心はなかった。しかし，コロナ禍での世界的なオンライン教育の進展と隆盛は，今後の大学での教育形態を変え，企業での海外教育制度に影響を与えている。

　海外MBA派遣制度のコロナ禍後の方向として，継続，廃止，再生の3つを示すが，オンラインMBAを活用しながらの制度の再生を目指す方向を提示した。すでにオンラインMBAの導入を始めた企業もある。または，海外MBA派遣制度の代わりに，国内MBA派遣制度（国内のビジネススクールに社員を派遣して，MBA学位を取得させる企業教育制度の一施策のこと）や，海外と国内のエグゼクティブMBA（学位取得，及び，管理職の短期ビジネススクールへの派遣）を活用する企業も存在する。

　本著では，コロナ禍直前の実態調査によって，海外MBA派遣制度の変遷・実態・構造を明らかにするとともに，約20年前の調査（金，2002）との比較考察が可能である。そして，海外MBA派遣をしない企業が，派遣をしない理由

や，派遣を廃止した理由までを探っている。加えて，アメリカのオンライン
MBA の事例を紹介することで，海外 MBA 派遣制度のコロナ禍後の再生の方
向を示している。

　日本企業におけるグローバルな人材育成を考えるならば，海外 MBA 派遣制
度の改革や MBA ホルダーの企業内活用は，今後の海外教育制度の布石となる
課題である。本著がそのためのヒントとなれば幸いである。

　最後に，今は亡き筆者の明治大学の大学院生時代の指導教授であった根本孝
先生，研究における「バカな」と「なるほど」を教えてくださった神戸大学名
誉教授の吉原英樹先生，大学院生時代から公私ともに支えていただいた学文社
の田中千津子社長，この他にも多くの先生方にお礼を申し上げたい。

　本書は，平成 29 年度基盤研究 (C)（一般)「日本企業の海外 MBA 派遣制度と
派遣 MBA への実態調査：派遣目的の変化と退職の原因」と，令和 2 年度基盤
研究 (C)（一般)「海外のオンライン MBA 教育の実態と日本企業の海外教育制
度への普及実態と導入課題」の研究成果である。また，和光大学の 2021 年度
学術図書刊行助成金により刊行された。

2021 年 10 月吉日

金　雅美

目　　次

序　MBA教育の新たな価値

　日本経済は，2021年1〜3月の国内総生産（GDP）の落ち込み幅が，リーマンショックがあった2008年度（3.6％減）を超え，5.1％と戦後最大の打撃となった。東京商工リサーチによる新型コロナウィルス関連の倒産数は1,475件（2021年5月17日）に達し，高水準を移行している。グローバル化した世界では，経済は急速に減速し，国際通貨基金（IMF）が「グレート・ロックダウン（大封鎖）」と表現するほどの経済危機が発生した。経済的な打撃は大きく，低迷が続いている。

　通信の世界で例えれば，第4世代移動通信システム（4G）が，第5世代移動通信システム（5G）に移行する中で，人々は経済・意識的に，なかなか4Gの世界から抜け出せないでいる。5Gの世界では，人々は経済的なバランスを取りながら，新しい生活様式を確立していく必要がある。

　「オンライン元年」（リクルートワークス研究所，2020：6-37）とも呼ばれる5Gの世界へ突入するなか，デジタル技術の加速とともに，世界のルールは変わりつつある。人々がその変化を受け入れるには，長い年月がかかるだろう。

　世界が進みつつある新しい方向とは，例えば，教育機関で活用されているオンライン教育の世界的な規模での浸透により，次世代の重要な教育ツールになることである。社会基盤がネットを通してつながることで，教育界では対面授業からオンライン授業への流れとともに，人々のネットを通じての学習や交流が日常化している。

　新しい世界では，宗教・人種・民族・経済・教育による人々の分断と格差が深刻化するとともに，ネット上での反論も高まりを見せている。人々の関心や共感を集める記事や動画が常に配信され，世界の人々が共有することで，ネットを通じて金銭的な支援が集まるなど，人々の意識は国境を超えてつながって

いる。

　日本では，戦後の最も厳しい経済悪化を通り抜けた後には，アジア諸国のなかで，最も早く少子高齢化を経験する先進国として，強く安定した社会を創造することを目指して欲しい。新しい世界を創造するのは，学校でオンライン教育を受けている若い世代である。

　人々が受け入れつつある新しい生活様式とは，① グループでの活動を重視したアウトバウンド的な社会での行動から，ネットのなかでの個人的な活動が重視されるインバウンド的な行動様式への変化，② 欲望による消費から，節制を中心とした消費活動への変化，③ 仕事に対する金銭的報酬の重視から，社会貢献や個人的成長などの付加価値の重視傾向，などである。

　人々の経済的・意識的な変化が起こる時に，重要な役割を担うのが教育である。人々は新しい生活様式と価値観を修得することが必要になり，自身に適切な仕事を求めるようになる。新しい生活様式・価値観・経済活動を求める新たな自己を創造するために，学校で学び直すことを選択する人々が増えるだろう。成人が大学で学び直すことを意味するリカレント（還流）教育は，重要な役割を担う。

　リカレント教育のなかでも，経済的なインパクトが大きい時期に受ける教育であるMBA（Master of Business Administration）プログラムは，ビジネス界で役立つ資格的な性質が強い。会社で昇進したい，転職したい，起業したい時に，ビジネススクールでの学習は，知識よりも実務的側面が強いため，人々のキャリアを強化し，ビジネス界で活躍することを支援する。

　コロナ禍では，アメリカを中心とした世界のビジネススクールの57％（回答数1,085プログラム）が，オンライン授業に移行した。また25％のビジネススクールは，2020年の秋学期を，全ての学生に対してオンライン授業で提供した。[1]

　2020年は，オンラインMBAプログラムを提供するビジネススクールからの「入学希望者が前年度よりも増加した」という回答率（回答数49プログラム）は84％と，フルタイムやパートタイムなど，すべての形態のMBAプログラムを提供するビジネススクールの平均の回答率（66％：回答数525プログラム）

よりも高かった（GMAC, 2020：37）。2020年は，世界におけるMBAプログラムへの入学希望者の増加率が，39％（回答数1,085プログラム）と過去最高に達し，[2] なかでもオンラインMBAプログラムへの入学希望者の増加率が最も高かった。

　社会を支える教育制度の基盤には，①家庭，②学校，③企業，の3つがある。最初に，子供たちの学びを左右するのが家庭での学習である。学校では義務教育のもと，一定水準の学びの質が保証されている。しかし，「ラーニング・キャピタル」とも呼べる家庭に存在する「知」のレベルによって，子供たちの学習格差は始まっている。ラーニング・キャピタルには，学校以外の学びの場としての塾の存在も含まれるが，塾での学習以上に重要なのが，一生を通じた人間の学習基盤が形成される家庭での学習である。

　そして学校を通じた教育制度の最終段階に位置するのが，大学である。大学のネット環境とオンライン授業は充実し，学生個人による「セルフ・ラーニング」が授業の中心になった。大学の授業よりも深いレベルでの学習が可能になるとともに，「知」の学習は授業外での個人の努力次第になった。そのため，大学における学生間の学力格差は拡大している。

　学校を卒業した後の社会では，密室的な性質が強かった企業の教育制度は，全ての社員を対象として，個人のキャリアを尊重した開かれた学びの場としての性質が重要になる。企業視点が中心ではなく，社員の自由選択を尊重し，生涯学習を支援する「ラーニング・キャリア」という発想が必要になろう。

　企業視点の古い教育制度から，ラーニング・キャリアを重視する例として，企業の一部のエリート社員にしか取得する機会のなかった海外MBA派遣制度（海外のビジネススクールに社員を派遣して，MBA学位を取得させる海外教育制度の一施策）があげられる。

　MBA学位の取得方法として，海外MBA派遣制度の一環として，海外のオンラインMBAプログラムを，海外教育制度の一施策として導入することにより，全ての社員が自由に受講することを可能にする。一部の社員のためのエリート的な性質が強かった固定的な制度から，全社員の生涯学習を支援する新し

い海外教育制度へと再生することが可能である。海外 MBA 派遣制度は，コロナ禍で一時停止され，制度を実施する企業はその後の方向を模索している。これは，本書の重要な研究テーマである。

　日本の大学教員は，各自が教える対面授業の科目を，オンライン授業向きに設計し直したのが，2020 年 4 月からであった。そのため学生は，オンライン授業に耐えうるだけの独立性，自主的なマネジメント，生活のコントロール，そしてコンピューター技術が必要になった。対面授業で学生同士が交流することが，大学の最も重要な機能だと考えられていた常識は，オンライン授業による「知」の教授だけを最大限に重視する教育方法によって，根本から揺らいでいる。大学の「知」の発信方法が多様化するとともに，大学は「知」の発信源であり，「知」の交流場であり，「知」の探索を行う場であるという基本的発想に戻りつつある。

　積極的で社交的，クラスでの発言も多かった学生が中心になりやすかった対面授業は，オンライン授業に切り替わったことで，学生に対する教員の評価も変化した。授業での発言は少なくても，授業内容に深い関心のある寡黙な学生からの提出物を高く評価することで，対面授業ではあまり注目されることのなかった学生の存在が目立つようになった。心身に障害のある学生，引きこもりがちな学生，他人とはコミュニケーションが取りにくい学生などにとって，オンライン授業は評判がいい。相手の姿が見えにくい分，学生間の「知」に対する平等性が保たれるのである。

　日本の大学も，大学間のグローバル競争，少子高齢化，リカレント学習 (リスキング)，教育コストの削減などのために，オンライン教育を積極的に活用していくことが必要である。① オンライン授業と対面授業を組み合わせた「ハイブリッド型」授業の導入，② オンライン授業だけの学費の安い学位の導入，③ オンライン授業のなかの科目聴講など，アメリカの小規模な大学が生存競争のために，オンライン教育を活用してきた背後にあるユニークで独特な戦略は，日本の大学の今後を考える上での参考になる。

　私的なことで恐縮だが，私の子供が通う小学校 1 年生のインターナショナル

スクールでは，2020年4月から7月までの間，毎日9時から3時まで，完全なオンライン教育に変わった。最初子供たちは，コンピューターの操作方法，ズームやシーソーの使い方，宿題を写真に写してジャーナルに載せる方法，ユーチューブでの教材やエピック（絵本が載せてあるサイト）の使い方に四苦八苦したが，2か月もすると，自分で使いこなせるようになった。

　子供たちは，デスクパソコンとiPadの使い分け，英語のタイピングの仕方，英語の電子辞書の使い方までを学習することになった。その学校のテクノロジーのクラスでは，ウェブサイト（ブッククリエーター）を活用して，自己に関する物語を本に作成し，ウェブ上のクラスの中に提出するのが宿題だった。驚いたのは親の方だった。子供は楽しんで本を作成している。写真を載せ，タイプで文字を打ち込み，本の体裁を整えるのは，図工の授業のようだ。その本を読んでくれるのはAIであり，他の生徒が作った本もウェブ上で自由に閲覧できる。

　世界の子供たちが活用するオンライン教育の最先端を経験させられた結果，変わったのは親の考え方である。子供たちはゲームのようにオンライン授業を楽しんでいる。数学のクラスでは，ウェブ上の数学の問題を解くにつれ，難易度が上がる代わりに，モンスターカードがもらえるため，自分が育てるモンスターを強くすることができる。同じクラスの生徒とズームで話しながらも，学習内容は完全に個人の速度と努力次第で，自由に進んでいけるのだった。

　子供たちの世界観は，親の世代の世界観とは全く違い，どんなデジタル技術にも違和感がない。世界のオンライン教育は，はるかに進んでいた。私は恥ずかしながら，アメリカの大学のオンライン教育について長年研究してきたが，オンライン教育は，本来，大人が受けるものだと考えていた。しかし自分の子供が実際にオンライン教育を受ける姿から，オンライン教育を本格的に活用する世代がでてきたことを確信した。

　逆に，先入観と過去の教育のせいで，頭が固いのは大人の方である。なかでも，古い世代の人々が作りあげてきた日本企業の海外教育制度は，大きな変革に見舞われている。世界のルールが変わり，社員が新しい仕事のあり方やキャリアを模索するにつれ，企業も新しい世界のルールを教える海外教育制度を創

造する必要がでてきたのである。

　70年以上の歴史がある日本最古の海外教育制度の一つである海外MBA派遣制度は，停止を余儀なくされている。この制度は，MBAホルダーの派遣後の退職，派遣にかかる高いコスト，曖昧な成果，派遣人数が少ないなど，問題が多かった。実際，この制度を実施しているのは数十社程度と，決して多くはない。それも，古い歴史のある日本の大企業だけである。本書で行った調査では，実施する企業の数が，さらに少なくなる可能性が見えてきた。このまま制度は，廃止に向かうのだろうか。

　企業から筆者に寄せられたのは，「退職者がでるため，海外MBA派遣制度をやめるかで迷っている」「海外MBA派遣制度の成果がわからず，人材を活用できない」「海外MBA派遣制度に興味はあるが，コストが高すぎる」などという人事部からの声であった。しかしこれらの声も，コロナ禍では，ほとんど聞かれなくなってしまった。

　その代わりに聞かれるのは，「MBA学位を取得したいという社員は今でもいるが，海外への企業派遣はもうできない（すでに停止してしまった）」「海外のオンラインMBAの導入に興味はあるが，どのようにすればよいのか」「数人しか派遣できない海外MBA派遣制度より，オンラインMBAで多くの社員を教育してみたい」という企業の声である。一部の日本企業では，海外のオンラインMBAの導入が始まっている。社員が無料でオンラインMBAを受講できるという海外での制度を，日本人社員も利用できるようにしたという外資系企業の動きもある。

　社員を海外に派遣するより安く済み，安全であるオンラインMBAの導入という代替案は，日本企業にとって現実的なものになりつつある。コロナ後に，何社の日本企業が，一度停止してしまった海外MBA派遣制度を再開させるのか。そこに価値を見出す企業は，どのくらい存在するのか。業績の悪化により，制度を実施する体力を失ってしまう企業もあるだろう。

　その一方，ますます重要になるグローバルな人材育成を目的とする海外MBA派遣制度を，日本企業はそう簡単にあきらめるわけにはいかない。企業

が派遣しなければ，辞めてでも留学する優秀社員がいる。この制度は，このような優秀社員を社内に引き留めておくための誘因的な役割も担っている。

　世界でのオンライン教育の浸透は，企業教育にも及んでいる。アメリカ企業でのオンライン MBA の活用は，多くの社員の学ぶ機会を拡充している。アメリカの多くの大学での MBA プログラムのオンライン化の勢いは，その利益率や学生数で，キャンパスに存在する MBA プログラムを凌いでいる。アメリカでの動向は，日本の海外 MBA 派遣制度にも，新しい風を吹き込んでいる。

　なお，米国 MBA 派遣制度（アメリカのビジネススクールに社員を派遣して，MBA 学位を取得させる海外教育制度の一施策）に関する研究は，筆者が大学院生時代に行った初めての研究であり，博士論文のテーマであった。この時の研究（金，2002）が，本書の原点になった。そのため本書には，これまで筆者が行った調査・研究も含めて，過去約 20 年間の海外 MBA 派遣制度の変遷を探るというユニークさが加わった。

　加えて筆者は，10 年前からアメリカのオンライン MBA の動向についても調査・研究を続けている。アメリカの大学でのオンライン教育の浸透や，アメリカの企業教育でのその活用は，コロナ禍で一気に進展した。日本の大学でもオンライン教育が進んだが，企業教育ではどうなのか。海外のオンライン MBA は，海外 MBA 派遣制度に代わる新たな海外教育制度としての活用の可能性がある。日本企業のグローバルな人材育成のための選択肢の一つになるだろう。

注

1) GMAC（2020）'Research Snapshot', "Application Trends Survey Report 2020", GMAC.
2) 同掲。
3)「米の学校再開対応割れる」『日本経済新聞』2020 年 8 月 7 日夕刊

1. 研究目的と調査方法

(1) 研究目的

　日本の多国籍企業で活用されていない人材は，外国人（現地人），女性，MBA（Master of Business Administration）ホルダーと言われている（吉原，2015：288-290）。その中の人材の一つである MBA ホルダーは，アメリカでは活用されているのに，なぜ日本では活用されにくいのかという疑問をもったのが，20年以上も前のことである。当時，この疑問を探るために注目したのが，アメリカのビジネススクールに社員を派遣して，MBA ホルダーを育成する日本企業の米国 MBA 派遣制度であった。この制度が始まったのは，1950年代前半からであり（金，2002：35），すでに70年以上の歴史がある。しかし企業のほとんどが，派遣で育成した MBA ホルダーが退職してしまうという問題に頭を悩ませていた。

　本書は，日本企業のアメリカのビジネススクールへの企業派遣に関する「米国 MBA 派遣制度に関する実態調査（2000年企業調査）」（金，2002）を原点として，海外 MBA 派遣制度の「派遣目的」「派遣 MBA ホルダーに期待される修得スキル」「帰国後の処遇」「派遣 MBA ホルダーの退職・継続勤務」「派遣者の応募条件と選抜」「派遣中の処遇」「中間フォロー」「帰国後の報告」の実態までを探っている。

　日本企業と MBA ホルダーとの関係には，問題が生じていることを明らかにした。双方の関係に関わる日本的経営とは，新大卒一括採用，終身（長期）雇用，内部昇進，年功序列，平等主義，現場主義，ボトムアップ，普通人の経営（全員経営）のことである（Yoshihara, H., Okabe, Y., Kim, A., 2011）。MBA ホルダーは，これらの日本的経営の特徴と相いれない。双方の間に生じる意識ギャップこそ，MBA ホルダーが日本企業を退職しやすい原因だったのである。

日本的経営とMBAホルダーとの関係は，次のように比喩することができる。「日本企業」を川にかかっている「橋」に例えると，橋の上を渡るのは「通行人」としての「MBAホルダー」である。通行人としてのMBAホルダーの数が増え続けると，その重みによって橋は崩壊してしまう。この時点において，日本企業とMBAホルダーとの関係には変化が生じると考えた。限界が本質を明らかにする時点である。限界とは，橋が橋としての役割を担えなくなった状態である。本質とは，限界で生じる橋の崩壊という現象，すなわち，日本企業の組織は変わるのかである。

　女性の政治家の構成人数が組織全体の30％を占めると，組織に影響力を持つという研究がある（Dahlerup, D., 1988）。単純にこの理論を上述した比喩に当てはめてみると，組織の中のMBAホルダーが社員の30％を超えると，彼らの組織に対する影響力が増し，組織が変わる可能性がある。このような限界に直面した日本企業は，どのような本質を明らかにするのか。そのためには，MBAホルダーと日本的経営との関係を探る必要があった。これが，本書の研究を始めた当時の問題意識である。

　しかし，2020年から世界の状況が変わってしまった。なかでも，社員を海外に留学させるという海外MBA派遣制度は，停止せざるをえなくなった。そこで，コロナ禍での制度の状況を踏まえ，次のような6つの研究課題を設定した。

　第1は，「米国MBA派遣制度に関する実態調査（2000年企業調査）」（金, 2002）以降の海外MBA派遣制度の変遷を明らかにすることである。そのため，2000～2019年までの海外MBA派遣制度とMBAホルダーに関する調査・研究を整理・分析した。

　第2は，海外MBA派遣制度の実態を明らかにすることである。そのため，日本企業とMBAホルダーの双方に対するアンケートとインタビュー調査を行った。そこから，MBAホルダーの退職意識の変化と，制度の構造について考察した。

　第3は，第2での実態調査によって，海外MBA派遣制度を実施しない企業

の，① 派遣をしない理由，② 派遣をしたい理由，または過去に派遣していた場合，③ 制度を廃止した理由，までを探ることである。制度を実施するのは大手企業に限られるため，その他の企業の意識を探る必要があった。

第 4 は，アメリカのオンライン MBA の動向を探ることである。筆者が2011～2020 年まで調査を続けたアメリカの大学の中でも特徴的な 3 校のオンライン MBA に関する事例を紹介する。海外のオンライン MBA の日本企業での活用は，グローバルな人材育成のための一つの選択肢である。

第 5 は，海外 MBA 派遣制度をめぐる新たな動向として，エグゼクティブMBA とアジア諸国の MBA，さらに，国内 MBA 派遣制度について簡単に考察する。エグゼクティブ MBA ホルダーと，アジア諸国のビジネススクールでMBA 学位を取得したアジアの MBA ホルダーは，日本でも多少増加する傾向にある。

第 6 に，コロナ禍後の海外 MBA 派遣制度の方向を探ることである。その方向は，制度の継続・廃止・再生である。

本書では，海外 MBA 派遣制度の変遷・実態・構造を明らかにする中で，約20 年前の調査（金，2002）との比較考察が可能である。さらには，海外 MBA派遣制度を実施しない企業が，派遣をしない理由や制度を廃止した理由までを探っている。また，アメリカのオンライン MBA の動向を紹介することは，海外 MBA 派遣制度のコロナ禍後の方向を考察するうえで役立つ。

海外 MBA 派遣制度を継続したいと思う企業は，制度を継続する理由，派遣の成果や評価の測定方法，時代に合わせた派遣目的や制度内容の改革，MBAホルダーの帰国後の活用方法などを再考することが必要である。本書は，制度改革のための実践的なガイドラインになるとともに，「なぜ日本企業では，MBA ホルダーは活用されにくいのか」という基本的な質問に対するヒントを得ることができる。派遣をしない企業に対しては，アメリカのオンラインMBA やエグゼクティブ MBA の実態や動向を紹介することで，今後の海外教育制度を考えるための参考になるだろう。

⑵ 2000 年以降の調査・研究

2000 年以前の米国 MBA 派遣制度と MBA ホルダーに関する調査・研究については，すでに金（2002）でまとめている。そのため本書では，それ以降の調査・研究について，整理・分析を行う。

① 海外 MBA 派遣制度

海外 MBA 派遣制度に関する 2000 年以降の調査・研究は，図表 1-1 にまとめている。まず，「米国 MBA 派遣制度に関する実態調査（2000 年企業調査）」（金，2002）では，アメリカのビジネススクールへの派遣制度があると思われた 263 社にアンケート調査を行い（回答企業 83 社），42 社が制度を実施していることを明らかにした。このうち 5 社は，制度を一時停止していたため，実際に制度を実施していたのは 37 社である。これに，制度は実施しているが，回答はしないという 7 社を加えると，44 社が制度を実施していることが明らかになった。企業が制度を導入したのは，1950 年代前半から 1990 年代後半までと，長期間にわたっている。経営状態が悪化すれば廃止，または一時停止され，改善すれば再開，さらには新しく導入する可能性が高い（金，2002：36）。

この後，本書で「海外 MBA 派遣制度に関する実態調査（2018〜2019 年）」を行うまでの約 20 年間，次のような 5 つの調査が実施されていた。第 1 に，「MBA 新時代始まる」「有力各社の MBA 事情」『AERA』（朝日新聞出版，2003 年 6 月 2 日号）は，企業の実名をあげ，各社の MBA ホルダー数，MBA ホルダーが多く在職する職種と役職を調べている。2000 年以降の調査で，社費留学制度がある企業の実名がわかる唯一の調査である。収益力などから判断した有力企業 150 社にアンケート調査を行い（回答企業 27 社），23 社に社費留学制度が存在することを明らかにした。MBA ホルダーが在職する企業 27 社のうち，15 社が今後の方針として，「MBA 取得者を増やしたい」と考えており，「現状維持」は 6 社，「減らしたい」企業はなかった。

第 2 に，「海外の大学・大学院等への派遣研修制度に関する実態調査について（概要）」（海外職業訓練協会，2004）は，学士・修士等学位取得を前提とした

図表 1-1　海外 MBA 派遣制度に関する調査概要（2000 年以降）

調査名	配布企業数	回答企業数	海外 MBA 派遣制度のある企業数（派遣名称）
「米国 MBA 派遣制度に関する実態調査（2000 年企業調査）」『派遣 MBA の退職』金, 2002	263 社	83 社	44 社（米国MBA 派遣制度）
①「MBA 新時代始まる」「有力各社のMBA事情」『AERA』2003, 6 月 2 日号	150 社	27 社	23 社（社費留学制度）
②「海外の大学・大学院等への派遣研修制度に関する実態調査について（概要）」海外職業訓練協会, 2004	3,633 社	208 社	29 社（学士・修士等学位取得目的）
③『検証ビジネススクール』慶應義塾大学大学院経営管理研究科, 2009	1,459 社	150 社	38 社
④「国内外の経営系大学院及び修了生の実態並びに産業界の経営系大学院に対するニーズ等に関する調査（報告書）」工業市場研究所, 2017	5,500 社	597 社（派遣実績がある企業数は 56 社）	9 社（正規プログラムに定期的に派遣している企業数）, 6 社（短期コースに定期的に派遣している企業数）（海外の経営系大学院）
⑤「第 7 回人事制度等に関する総合調査」『人事実務』2017, 3 月号	3,000 社	199 社	21 社（海外留学制度）
「海外 MBA 派遣制度に関する実態調査（2018～2019 年）」（本書での調査）	2,112 社	97 社	8 社（海外 MBA 派遣制度）

（出所）筆者作成。

海外留学を行う目的と，その派遣先国と派遣分野を明らかにしている。上場企業 3,633 社にアンケート調査を行い（回答企業 208 社），29 社に学士・修士等学位取得目的の海外留学制度が存在することを明らかにした。

「10 年前と比較した海外留学者数」という質問では，「ほぼ同じ」（20 社），「増

えている」(14 社),「減っている」(11 社),「分からない」(2 社),という回答で
あった。「今後の海外留学者数」については,「現状のまま」(9 社),「増やす予
定」(9 社),「減らす予定」(3 社),「分からない」(11 社),という。10 年前と比
較した海外留学者数はほぼ同等で,今後の海外留学者数も現状のままであると
する企業が多い。この調査には,「自由記述欄の記述一覧」があり,海外留学
制度に関する企業の意見がまとめられている。

　第 3 に,『検証ビジネススクール』(慶應義塾大学大学院経営管理研究科,2009)
は,慶應義塾大学ビジネススクールの卒業生 598 人と,日本の企業 150 社を対
象に行った調査である。慶應義塾大学ビジネススクールに社員を派遣した実績
のある企業約 500 社に,既存のデータベースで人事担当者の氏名が判明した約
1,000 社を加えた 1,459 社に対して,アンケート調査を行っている(回答企業
150 社)。派遣をしていると回答した企業(59 社)のうち,海外のビジネススク
ールへの派遣のみを実施している企業は 16 社(27%),国内のビジネススクー
ルへの派遣のみを実施している企業は 21 社(36%),海外・国内のビジネススク
ールへの派遣を実施している企業は 22 社(37%)であった。

　この調査では,海外のビジネススクールへの派遣をしている企業 38 社の派
遣目的と,その成果を明らかにしている。また,調査直近 3 年間の派遣実績と
して,221 人(2004 年度以前),55 人(2005 年度),54 人(2006 年度),47 人(2007
年度)と,減少傾向にあることも明らかにした。

　第 4 に,「国内外の経営系大学院及び修了生の実態並びに産業界の経営系大
学院に対するニーズ等に関する調査(報告書)」(工業市場研究所,2017)は,帝
国データバンクが所有する企業リストから,大企業(上場企業)3,500 社,中小
企業(従業員数 300 名未満)1,000 社,外資系企業 1,000 社に対して,アンケート
調査を行っている(回答企業 597 社)。この調査の特徴は,国内の経営系専門職
大学院及び経営系大学院(105 研究科),海外の経営系大学院(10 校),国内の経
営系大学院(専門職大学院生を含む),修了生(1,067 人),海外の経営系大学院修
了生(100 人)に対しても調査を行うという大規模なことである。

　なかでも,海外の経営系大学院への従業員派遣実績として,597 社(大企業)

のうち，「正規のプログラム（学位の取得可能）に定期的に派遣している」（9 社），「正規のプログラム（学位の取得可能）に派遣したことがある」（26 社），「学位の取得はできない短期のコースなどのプログラムに定期的に派遣している」（6 社），「学位の取得はできない短期のコースなどのプログラムに派遣したことがある」（15 社）ことを明らかにしている。全体として，56 社に海外大学院への派遣実績があった。

　第 5 に，「第 7 回人事制度等に関する総合調査」『人事実務』（産労総合研究所，2017：6-56）は，会員企業から一定の方法で抽出した 3,000 社にアンケート調査を行い（回答企業 199 社），海外留学制度のある企業が 21 社（10.6%）存在することを明らかにした。規模別にみると，回答企業数のうち，大企業では 28.3%，中小企業では 6.6%，小企業では 4.3%の回答があった。この調査は，「人事制度等に関する総合調査」を，1999 年から 2019 年まで継続して行っている。

　そのため，図表 1-2 に示すように，海外留学制度（海外派遣研修）を実施してきた企業数の変遷を知ることができる。「第 1 回人事制度等に関する総合調査」『賃金実務』（産労総合研究所，1999：4-88）では，回答企業数 640 社のうち，海外留学制度（海外派遣研修）のある企業が 145 社（23%）存在することを明らかにした。能力開発の方法としての海外留学は，技術職が 29.0%と最も多く，次いで専門職（21.2%），管理職（12.0%），技能職（3.0%）であった。

　「第 2 回人事制度等に関する総合調査」『賃金実務』（産労総合研究所，2002：4-82）では，回答企業数 467 社のうち，海外留学制度（海外派遣研修）のある企業が 83 社（18%）存在することを明らかにした。

　「第 3 回人事制度等に関する総合調査」『賃金実務』（産労総合研究所，2005：4-67）では，回答企業数 305 社のうち，海外留学制度のある企業が 67 社（22%）存在することを明らかにした。加えて，教育制度の中で廃止した制度は，1 位が「海外留学制度（海外派遣研修）」（13 社）であった。

　「第 4 回人事制度等に関する総合調査」『人事実務』（産労総合研究所，2008：4-75）では，回答企業数 213 社のうち，海外留学制度のある企業が 37 社（17%）存在することを明らかにした。加えて，教育制度の中で廃止した制度は，1 位

図表 1-2 「人事制度等に関する総合調査」(第 1 回〜7 回)『人事実務 (旧賃金実務)』
の調査概要

調査名	配布企業数	回答企業数	海外留学制度のある企業数
①「第 1 回人事制度等に関する総合調査」『賃金実務』 1999, 1 月 1・15 日合併号	6,500 社	640 社	145 社 (23%) (海外派遣研修を含む)
②「第 2 回人事制度等に関する総合調査」『賃金実務』 2002, 1 月 1・15 日合併号	6,000 社	467 社	83 社 (18%) (海外派遣研修を含む)
③「第 3 回人事制度等に関する総合調査」『賃金実務』 2005, 1 月 1・15 日合併号	6,000 社	305 社	67 社 (22%) (海外派遣研修を含む)
④「第 4 回人事制度等に関する総合調査」『人事実務』 2008, 1 月 1・15 日合併号	3,000 社	213 社	37 社 (17%)
⑤「第 5 回人事制度等に関する総合調査」『人事実務』 2011, 1 月 1・15 日合併号	3,000 社	193 社	19 社 (10%)
⑥「第 6 回人事制度等に関する総合調査」『人事実務』 2014, 1 月 1・15 日合併号	3,000 社	243 社	25 社 (10%)
⑦「第 7 回人事制度等に関する総合調査」『人事実務』 2017, 3 月号	3,000 社	199 社	21 社 (11%)

注：パーセンテージは，海外留学制度のある企業数／回答企業数である。
(出所) 筆者作成。

の「国内留学制度」(44 社) に次いで，2 位が「海外留学制度 (海外派遣研修)」
(36 社) であった。

「第 5 回人事制度等に関する総合調査」『人事実務』(産労総合研究所，2011：
4-55) では，回答企業数 193 社のうち，海外留学制度のある企業が 19 社 (10%)
存在することを明らかにした。

「第 6 回人事制度等に関する総合調査」『人事実務』(産労総合研究所，2014：

7-57）では，回答企業数 243 社のうち，海外留学制度のある企業が 25 社（10％）存在することを明らかにした。

　第 1 回から 3 回までの調査では，回答企業数が 305 社から 640 社（配布企業数は 6,000 社から 6,500 社）と比較的多いこと，海外留学制度に海外派遣研修を含んでいるという理由により，海外留学制度（海外派遣研修）を実施する企業は，20％前後と比較的多い。第 4 回から 7 回までの調査では，回答企業数が約 200 社（配布企業は 3,000 社）と少ないこと，海外留学制度と海外派遣研修を区分したという理由により，第 4 回の調査での 17％（海外留学制度）という回答率を境に，第 5 回から 7 回までの調査の回答率は約 10％（海外留学制度）と低い。

　また第 3 回の調査で，教育制度の中で廃止した制度として，1 位に「海外留学制度（海外派遣研修）」（13 社），第 4 回の調査では 2 位（36 社）にあげられている。この時期には，世界的なリーマンショックの影響があったため，社員 1 人にかかるコストが高い海外留学制度を廃止する企業が多かった。

　総括すると，海外留学制度の動向として，第 5 回の調査（2011 年）以降は，実施する企業は約 10％と，かなり少ない。「海外留学は時間と費用がかかる上に，最近は，社員を海外拠点に派遣し現場で鍛える方法（海外派遣研修制度，28 社）を採る企業があることも，導入率が低い理由としてあげられるかもしれない」と分析されている（産労総合研究所，2014：51）。

　これらの調査結果は，工業市場研究所（2017）による海外の経営系大学院への派遣をするのは 9 社（正規プログラムに定期的に派遣している）であるという調査結果（図表 1-1 参照）を裏付けていよう。

　以上のような調査結果をふまえ，本書は，新たに海外 MBA 派遣制度に関する調査を実施した。その結果，調査企業数 2,112 社（回答企業 97 社）のうち，海外 MBA 派遣制度を実施するのは 8 社だけであった（図表 1-1 参照）。派遣制度を実施する企業は，過去の 44 社（金，2002）から 8〜9 社（本書での調査（2018〜2019 年）と工業市場研究所（2017）による調査）と，かなり少なくなっている。

② MBA ホルダー

海外のビジネススクールを卒業した MBA ホルダーについては，2000 年以降も多様な視点からの調査・研究が存在する。なかでも比較的重要だと思われる，MBA ホルダーの意識調査，MBA ホルダーの管理職調査，MBA ホルダーの国際比較研究，について以下で簡単に紹介する。

・MBA ホルダーの意識調査

「国内外の経営系大学院及び修了生の実態並びに産業界の経営系大学院に対するニーズ等に関する調査（報告書）」（工業市場研究所，2017）は，「我が国の経営系専門職大学院におけるコアカリキュラム策定及びコアカリキュラム策定以外の機能強化に資する取組についての調査研究を行うに当たって，基礎資料となる情報を収集することを目的」として実施され，国内の経営系大学院（専門職大学院を含む）修了生から，1,067 件の回答を得ている。海外の経営系大学院修了生に対しては，インターネットモニターからアンケート回答を依頼し，100 件の回答を得ている。国内外の MBA ホルダーに対する調査としては規模が大きく，調査内容が広範囲に及んでいる。

企業に対する調査では，図表 1-1 に示した通り，海外の経営系大学院への派遣実績がある 56 社（597 社回答）の内訳として，正規プログラムに定期的に派遣しているのが 9 社，短期コースに定期的に派遣しているのが 6 社存在することを明らかにした。この調査結果は，本書の「海外 MBA 派遣制度に関する実態調査（2018〜2019 年）」における海外 MBA 派遣制度を実施する企業からの回答数（8 社）の少なさを裏付けていよう。

調査内容の例としては，国内外の経営系大学院修了生の帰国後の処遇について，「就学前と修了後（現在）の所得アップ」と回答したのは 65％（回答数 1,167 人）であった。「とくに変わらない」のは 31％である。学位取得前後の勤務先での処遇等の変化については，「特に変化はなかった」が 27％と最も多いが，「責任のある仕事を任せられるようになった」（24％），「経営管理部門に配置」（24％），「昇進・昇級」（21％），「希望の部署に配置転換」（15％）と続いている。

　大学院で学んだことが勤務先で活かされているかという質問については，「習得した内容を活かせる部署・部門で働いている」(30%)，「習得した内容を活かせるポジション・役割で働いている」(36%)，「普通の業務で習得した内容・能力を活かせている」(18%)と，活かせているとする回答が多い反面，「あまり活かせていない＋全く活かせていない」(16%)という回答は少ない。彼らの修了後の就職先に対する希望は，「希望の部署に配置転換」(22%)，「経営管理部門に配置」(18%)，「給与や手当に反映」(16%)であった。

　国内外の経営系大学院修了生へのヒアリング調査では，「就学前後で同じ企業に勤めていたが，学位取得による変化は特に感じられなかった。アメリカ資本であるものの，従業員は日本人が主であり，企業派遣でMBAを取得した者に対する目は厳しかったように思う」「就学前後で日系企業に勤めていたが，特に変化は感じられなかった。学位取得後に日系企業への転職も経験しているが，その際にもMBAホルダーであることをアピールすることはなかったし，企業担当者もとりわけ注目したというわけでもない。日本にいる以上，MBAの学位取得は自分のためであって，自分の能力向上を目指すという意識が必要である」という意見があった。

　さらには，「就学前はアメリカの資本の企業に勤めており，マネジャークラスはMBAホルダーが多かった。自分自身もキャリアアップするにはMBAの取得が必要と感じていた」「就学前にアメリカの取引先と会話していると，マネジャークラスはMBAホルダーである場合が多いことに気付いた。グローバルで活躍していきたいと考えていたため，自分自身もMBAの取得が必要だと考えるようになった」という意見もあった。

　なお，海外の経営系大学院修了生だけを対象とした質問として，海外大学の修了単位修得について，彼らの59%が「難しい（という回答の合計）」と感じており，「適切であった」のは27%だけであった。一方，大学院への総合的な満足度は80%と高く，68%が職場の同僚や部下・友人等に経営系大学院で学ぶことを奨励した経験があるとしていた（奨励経験なしは32%）。

　この調査の中心は，国内の経営系大学院修了生からの回答分析であり，企業

を対象とした調査でも，国内外の経営系大学院に対する質問が中心のため，海外 MBA ホルダーだけを対象とした質問は少ない。国内 MBA ホルダーと国内 MBA 派遣制度を考察するうえで，多くのヒントを与えてくれている。

・MBA ホルダーの管理職調査

　MBA ホルダーの管理職比率を示した調査には，次のような 2 つが存在する。第 1 に，図表 1-3 に示すように，日本・アメリカ・ドイツの MBA ホルダーの管理職比率を比較したのが，Koike, K., Inoki, T. (2003) による調査である。この調査では，日本の MBA ホルダーの管理職比率は 0.7％と，アメリカの 37.0％，ドイツの 11.3％と比較して，かなり低い。この傾向は，日本の大学院卒の管理職比率が 1.9％と，アメリカの 60.9％，ドイツの 29.9％と比較して，かなり低いことと類似している。一方，日本の大学卒の管理職比率は 84.3％と，アメリカの 32.7％，ドイツの 39.9％と比較して，2 倍以上に高い（Koike, K., Inoki, T., 2003：43）。

　日本の管理職は大学卒が 8 割程度を占めることから，大学院卒の管理職はかなり少なくなる。アメリカやドイツでは，大学院卒がもともと多く，大学院修了後は社会で活躍するため，管理職になる可能性が高い。日本的経営の特徴の一つである大卒一括採用は，少数派の大学院卒，そのなかのごく少数派である MBA ホルダーとは相性が悪い。

　第 2 に，図表 1-4 に示すように，日本・アメリカ・インド・中国・タイの課長と部長に占める MBA ホルダーの比率を比較したのが，「PROFILE（管理職

図表 1-3　3 か国の MBA ホルダーの管理職比率（%）

	大学卒の管理職	大学院卒の管理職	MBA ホルダーの管理職
日　　本	84.3	1.9	0.7
アメリカ	32.7	60.9	37.0
ド イ ツ	39.9	29.9	11.3

（出所）Koike, K., Inoki, T. (2003) *College Graduates in Japanese Industries*, The Japan Institute for Labour Policy and Training, p. 43 から筆者作成。

図表 1-4　5 か国の MBA ホルダーの管理職 (課長・部長) 比率 (%)

	課長	部長
日　　本	1.6	1.5
アメリカ	16.3	12.5
イ ン ド	43.6	54.2
中　　国	9.0	6.9
タ　　イ	17.0	29.4

(出所) リクルートワークス研究所 (2015)「PROFILE (管理職のプロフィール)」『リクルート Works』No. 128, Feb/Mar, p. 6.

のプロフィール)」『リクルート Works』(リクルートワークス研究所, 2015：6) である。日本での MBA ホルダーの課長 (1.6%) と部長 (1.5%) の占める比率は, アメリカの課長 (16.3%) と部長 (12.5%), インドの課長 (43.6%) と部長 (54.2%), 中国の課長 (9.0%) と部長 (6.9%), タイの課長 (17.0%) と部長 (29.4%) の比率と比較して, かなり低い。

　インドでの MBA ホルダーの課長と部長の比率は, 5 か国の中で突出して高い。「インドでは管理職の 2 人に 1 人は MBA ホルダーであり, タイでも徐々にそれが当り前になってきている」と分析する。そして,「日本の昇進への影響要因は経験であるため, 管理職昇進には学歴も資格も海外留学も役にたたない」ことが, 日本における MBA ホルダーの課長や部長の比率が低い点だという (リクルートワークス研究所, 2015：4-27)。

　この調査は, 図表 1-3 で示した MBA ホルダーの管理職の 3 か国比較を, 5 か国の管理職 (課長と部長) 比較にまで拡大し, 日本での MBA ホルダーの管理職 (課長と部長) の比率の少なさを再確認させてくれている。

・MBA ホルダーの国際比較研究

　日本人・韓国人・中国人の MBA ホルダーのキャリアと企業内活用について国際比較を行ったのが,『MBA のキャリア研究』(金, 2007) である。海外で学

位を取得した日本人のMBAホルダーを対象とした調査・研究（1997～2003）（金，2007：121）をもとに，アメリカのビジネススクールを卒業した中国人と韓国人のMBAホルダーにインタビュー調査を行い，その結果を比較分析している。

　韓国人と中国人のMBAホルダー間に差があるのは，①MBAホルダーの企業内活用，②MBAホルダーのエリート意識，③MBAホルダーの処遇への成果主義の浸透度，であることが判明した。そして，MBAホルダーが意識する「エリート度」と，処遇への「成果主義の浸透度」を横軸と縦軸に，その中心の矢印の長短によって，「MBAの活用度」が変化するという仮説を設定した。

　その結果，「エリート度」と「成果主義の浸透度」が最も強かったのが中国人のMBAホルダーであっため，企業での「MBAの活用度」が最も進んでいるとした。その逆であったのが，企業が派遣で育成した日本人のMBAホルダーの活用であることが判明した。韓国人のMBAホルダーの「MBAの活用度」は，中国人のMBAホルダーと日本人のMBAホルダーの中間程度に位置していた。

　中国人のMBAホルダーは，学歴に対する強いエリート意識で，企業内で成果を追求する姿勢が強く，日本人のMBAホルダーの場合は逆で，それがあまり強くはない。韓国ではMBAホルダーの個人差が大きく，財閥2世などの出生や出身地などが関わってくるため，中国でのように，個人の努力が中心とは言いにくい。地縁（出生地），血縁（親戚関係），学縁（大学閥）という社会的圧力が大きいのである。

　中国人のMBAホルダーの場合，彼らの強いエリート意識を支える高い給与（優遇）が，仕事に対する高い動機を維持し，体力と頭脳の限界に近いほどのハードワークを支えている。その反面，日本人の派遣のMBAホルダーの場合，社会や企業からの彼らに対する一般社員と同等の評価が，エリート意識を抑え込み，「給与＝自己の能力及び成績書」と考えやすい彼らのプライドを傷つけていた。日本人の派遣のMBAホルダーの多くが，日本企業のなかでは仕事を頑張っても，なかなか報われないと考えていた。

　報酬が高い水準にあれば，お金の増加分はそれを得る人にとって，物質面で

の効用が徐々に少なくなり，競争環境でのその人の価値の尺度になるという主張がある（Grove, A. S., 1983；訳書：306）。また，アメリカの CEO444 人の業績を分析した結果，MBA 学位を取得した CEO は，取得していない CEO と比較して，自己の利得にはなるが，社会には損害を与えるような行動をとる傾向が強いという調査結果がある（Miller, D., 2016）。報酬が高い水準にある MBA ホルダーほど，利己的になりやすく，競争に勝つことに自己の価値を見出す傾向が強い。MBA ホルダーにとっての金銭的な高い報酬は，彼らのエリート意識を刺激し，企業内活用へとつながるとともに，直接的な自己の価値及び企業からの評価だと認識している。

　この研究は，MBA ホルダーの国際比較という視点から，日本における派遣の MBA ホルダーの活用は，国際的にも遅れている点が指摘されている。この調査以外では，海外で学位を取得した MBA ホルダーは，国内で学位を取得した MBA ホルダーとの比較対象（慶應義塾大学大学院経営管理研究科，2009；工業市場研究所，2017）として扱われるのが一般的であった。両者は同じビジネススクールの卒業生でも，学習内容や修得スキル，企業内活用や処遇などが異なるため，比較対象とするのは難しい。日本人の MBA ホルダーの中でも，私費の MBA ホルダーと派遣の MBA ホルダーの退職意識を比較した研究もあるが（金，2004），日本人という枠組みの中で行われていた。そのため，日本人の MBA ホルダーの比較対象として，韓国人と中国人の MBA ホルダーに対する調査を行うという視点は，新しい試みである。

(3)　調査方法

　本書では，海外 MBA 派遣制度の実態を探るために，MBA ホルダーを対象としたインタビュー調査［MBA 調査］と，企業を対象としたアンケート調査［企業調査］を行っている。その調査の方法と概要は，以下のようである。

① MBA ホルダーの区分

　［MBA 調査］を行うにあたり，海外のビジネススクールに留学して MBA

学位を取得する MBA ホルダーの区分を，新たに行う必要があった。それは，
金（2002）の調査対象であった，企業派遣で海外の MBA 学位を取得した社員
である「派遣 MBA ホルダー」と，私費留学で海外の MBA 学位を取得した社
員である「私費 MBA ホルダー」の区分を，さらに留学する地域ごとに細分化
する作業である（図表 1-5 参照）。

　海外 MBA 派遣制度の派遣先は，アメリカやヨーロッパのビジネススクール
だけではなくなった。2000 年頃からアジア諸国で多くのビジネススクールが
創設されたことで，派遣先は，中国を中心としたアジア諸国へと広がった。そ
して，アメリカ企業の派遣先として活用されてきたエグゼクティブ MBA に加
え，2010 年頃から新たに登場してきたのが，オンライン MBA である。図表
1-5 に示すように，海外 MBA 派遣制度の派遣先のビジネススクールに，アメ
リカとヨーロッパにアジア諸国を加え，エグゼクティブ MBA とオンライン
MBA も加えている。エグゼクティブ MBA は，1～2 年制のフルタイムで学位

図表 1-5　海外 MBA ホルダーの区分

留学先（海外）	留学先ビジネススクール	MBA ホルダーの区分
アメリカ	アメリカのビジネススクール（1～2 年制のフルタイム）	アメリカ派遣 MBA ホルダー
		アメリカ私費 MBA ホルダー
ヨーロッパ	ヨーロッパのビジネススクール（1～2 年制のフルタイム）	ヨーロッパ派遣 MBA ホルダー
		ヨーロッパ私費 MBA ホルダー
アジア諸国	アジア諸国のビジネススクール（1～2 年制のフルタイム）	アジア派遣 MBA ホルダー
		アジア私費 MBA ホルダー
エグゼクティブ MBA	学位の取得あり（1～2 年制のフルタイム）	派遣エグゼクティブ MBA ホルダー
		私費エグゼクティブ MBA ホルダー
	管理者向け短期ビジネススクール（エグゼクティブ教育）数日～数か月	
オンライン MBA		オンライン MBA ホルダー

注：オンライン MBA については，アメリカのオンライン MBA の担当者に対するインタビュー調査
　　を行った。
（出所）筆者作成。

取得を目指すプログラムと，数日から数か月間の管理者向け短期ビジネススクール（エグゼクティブ教育）の2つに区分した。

　海外のビジネススクールは，1〜2年制のフルタイム・プログラムのアメリカのビジネススクール，1〜2年制のフルタイム・プログラムのヨーロッパのビジネススクール，1〜2年制のフルタイム・プログラムのアジア諸国のビジネススクール，1〜2年制のフルタイムで学位取得を目指すエグゼクティブMBA，管理者向け短期ビジネススクール（エグゼクティブ教育）のエグゼクティブMBA，オンラインMBA，に区分した。

　MBAホルダーは，派遣で育成された「派遣MBAホルダー」と，私費で留学した「私費MBAホルダー」の2つに大別されてきたが，新たなMBAの区分では，新たな留学先であるアメリカ，ヨーロッパ，アジア諸国によって，「アメリカ派遣MBAホルダー」と「アメリカ私費MBAホルダー」，「ヨーロッパ派遣MBAホルダー」と「ヨーロッパ私費MBAホルダー」，「アジア派遣MBAホルダー」と「アジア私費MBAホルダー」，「派遣エグゼクティブMBAホルダー」と「私費エグゼクティブMBAホルダー」，に区分した。

　2000年前後からは，国内のビジネススクールを卒業した「国内MBAホルダー」も存在する。「国内派遣MBAホルダー」と「国内私費MBAホルダー」に区分できるが，国内MBAホルダーについては，本書では簡単に触れる程度で，調査の対象外としている。

　本書の調査対象であるMBAホルダーは，アメリカへの派遣と私費のMBAホルダー，ヨーロッパへの派遣と私費のMBAホルダー，アジア諸国への派遣と私費のMBAホルダー，私費のエグゼクティブMBAホルダーである。日本人のエグゼクティブMBAホルダーは，存在する人数がもともと少ないため，本書の調査で出会った対象者は，全て私費留学者であった。企業派遣でエグゼクティブMBAに留学した社員はたまにいると，派遣のMBAホルダーから聞いてはいたが，実際に会うことはできなかった。

　また，インターネットを通じてMBA学位を取得するオンラインMBAも存在するが，海外MBA派遣制度は，現地に社員を派遣して，フルタイムでビジ

ネススクールに通学させる方法が主流である。オンライン MBA を海外教育制度に取り入れる企業は，調査当時は見当たらなかった。

② 制度の体系化

　［MBA 調査］と［企業調査］を行うにあたり，海外 MBA 派遣制度を図表 1-6 のようなプロセスに体系化した。それは「派遣目的」を基点として，「MBA ホルダーに期待される修得スキル」「派遣者の応募条件」「派遣者の選抜」「派遣中の処遇」，留学中の派遣者に対する「中間フォロー」「帰国後の報告」「帰国後の処遇」，派遣者の帰国後の行動である「MBA ホルダーの退職・継続勤務」である。それは，「派遣目的，MBA ホルダーに期待される修得スキル，帰国後の処遇，MBA ホルダーの退職・継続勤務」という制度の中核的な役割

図表 1-6　海外 MBA 派遣制度の体系化

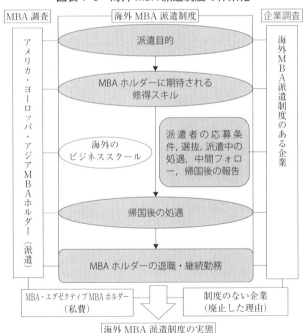

（出所）筆者作成。

を担う中核要素と，「派遣者の応募条件，選抜，派遣中の処遇，中間フォロー，帰国後の報告」という周辺要素に二分することができる。本書では，制度の構造を探るため，中核要素に焦点をあてている。「要素」または「構成要素」とは，海外MBA派遣制度をプロセスとして体系化した中の「派遣目的」から，「MBAホルダーの退職・継続勤務」までの各項目のことである。「構造」とは，全ての要素と要素間の関係を示している。

　体系化した制度の各要素間の関係（構造）までを明らかにするため，派遣で育成したアメリカ・ヨーロッパ・アジアのMBAホルダーと，制度を実施する企業に対する調査を行った。加えて，私費のMBA・エグゼクティブMBAホルダーと，制度のない企業に対する調査も行い，海外MBA派遣制度の全体像を明らかにするよう試みた。

　本書では，アメリカのビジネススクールへの派遣だけに焦点を絞った「米国MBA派遣制度」（金，2002）に対し，アメリカ，[1]　ヨーロッパ，[2]　アジア諸国のビジネススクールへの派遣を含む「海外MBA派遣制度」全体を研究対象としている。海外MBA派遣制度とは，日本企業が海外の1〜2年制のフルタイムのビジネススクールに社員を派遣して，通学によるMBA学位の取得を行う海外教育制度の一施策のことである。

　本書の調査期間は，2002年の研究（金，2002）の調査期間が，1997〜2000年であったことから，2000〜2019年としている。

③ 企業調査

　企業に対する調査［企業調査］で苦心したのは，海外MBA派遣制度を実施する企業からの回答数を増やすことであった。海外MBA派遣制度の存在する企業からの回答数（2000年以降）が9〜44社であったことから（図表1-1参照），企業からの回答数は，かなり少ないことが予測された。

　海外MBA派遣制度に関する最も古い調査である「日本経営教育システム構想委員会研究報告書」（神戸大学経営学部編，1990）では，アメリカ・ヨーロッパのビジネススクールへの派遣実績のある企業96社の派遣目的を中心に分析し

ている。しかし，この数は派遣実績であり，定期的に制度を実施しているかは
不明である。たまに派遣している，派遣した経験がある，すでに制度を廃止し
た企業なども含まれている。その後の調査では，56社に派遣実績があったこ
とが明らかになっている（工業市場研究所，2017）。

　定期的に制度を実施する企業からの回答数は，44社（2002，金）が最も多い。
近年の調査では，経営学修士（MBAを含む）を取得するために，海外の経営系
大学院（ビジネススクールを含む）への派遣を定期的に行うのは，9社だけであ
った（工業市場研究所，2017）。そこで問題は，定期的に制度を実施する企業に，
どのように［企業調査］に参加してもらうかである。そのために，次のような
3段階の作業を行った。

　第1段階として，海外の大学院への派遣を実施する企業名を抽出した。それ
は，過去の出版物，雑誌，ホームページ，ウェブなどの情報を利用して，企業
名を整理することである（図表1-7参照）。アメリカのビジネススクールを卒業
した日本人MBAホルダーの実名と，彼らの在職企業名がリストされている
『MBA』（アスペクト編集部，1986）と『続日本人MBA』（アスペクト編集部，
1991）の情報を整理することから始めた。この本が出版された1980年代後半か
ら1990年代前半は，トップレベルのビジネススクールを卒業したMBAホル
ダーの多くは企業派遣者であった。この作業から，約100社の企業を抽出した。

　次いで，「最近における海外留学制度の実施状況」『労政時報』（労務行政，
1978，9月22日号：10-45）に記載がある海外留学派遣制度のある39社，「海外
留学制度：その現状と動向をみる」『労政時報』（労務行政，1984，8月3日号：
2-48）に記載がある海外留学派遣制度のある47社，「90社にみる海外留学制度
の実態」『企業と人材』（産労総合研究所，1995，2月5日号：17-30）に記載があ
る海外留学制度のある90社を抽出した。そして，「日本企業のMBAエリート
たち」『フォーブス日本版』（フォーブス編集部，1997，8月号：26）に記載がある
日本人MBAホルダーが在職する40社，「MBA新時代始まる」「有力各社の
MBA事情」『AERA』（朝日新聞出版，2003，6月2日号：12-13）に記載がある社
費留学制度のある23社を抽出した。最後に，ビジネススクールへの留学支援

図表 1-7　　調査対象企業の抽出方法

調査方法	抽出した企業
「最近における海外留学制度の実施状況」『労政時報』1978, 9 月 22 日号, pp. 10-45 に記載がある海外留学派遣制度のある企業	39 社
「海外留学制度：その現状と動向をみる」『労政時報』1984, 8 月 3 日号, pp. 2-48 に記載がある海外留学派遣制度のある企業	47 社
『MBA』（アスペクト編集部, 1986）と『続日本人MBA』（アスペクト編集部, 1991）に記載がある日本人 MBA ホルダーの在職する日本企業	約 100 社（外資系企業は除く）
「90 社にみる海外留学制度の実態」『企業と人材』1995, 2 月 5 日号, pp. 17-30 に記載がある海外留学制度のある企業	90 社
「日本企業の MBA エリートたち」『フォーブス日本版』1997, 8 月号, p. 26 に記載がある日本人 MBA ホルダーが在職する企業	40 社
「MBA 新時代始まる」「有力各社の MBA 事情」『AERA』2003, 6 月 2 日号, pp. 12-13 に記載がある社費留学制度のある企業	23 社
会社紹介冊子（アゴス）に記載のある取引先企業（大学院への企業派遣制度を実施している）	約 60 社（法律事務所は除く）
調査対象企業	63 社

注：抽出した企業のうち，『会社四季報 CD-ROM（2018 年春）』に記載のある企業 63 社だけを調査対象とした。
（出所）筆者作成。

　を主とするアゴスの取引先企業約 60 社（会社紹介冊子に記載のある）を加えた。これらの企業のうち，『会社四季報 CD-ROM（2018 年春）』に記載のある企業だけに絞ると，63 社になった。

　第 2 段階として，63 社に東京都の一部上場企業[3]（1,049 社）を加えて，1,112社とした。これらの企業に対し，返信用封筒を同封した質問票を送付し，回答を依頼した。あて先は，「人事・研修部門ご担当者」とした。これが，2018 年10 月に実施した 1 回目の調査である。

第3段階は，1回目の調査での回答数の少なさを考慮して，東京都以外の一部上場企業937社と，上述した63社に対して，再びアンケート調査を行うことであった。これが，2019年2月に実施した2回目の調査である。

東京都と東京都以外の一部上場企業を分けて抽出した理由は，工業市場研究所（2017）での調査において，回答企業のうち，東京都に本社を置く企業が約40％と最も多く，次いで大阪府が約10％であったからである。その他の地域の企業からの回答率は，全て5％以下であった（工場市場研究所，2017；産労総合研究所，2017，3月号：6-56）。加えて，海外MBA派遣をするのは一部上場企業が主であるため，一部上場企業だけを調査対象とした。

・回答企業の概要

1回目の調査での回答企業数は，50社（5％）であった。その概要は，図表1-8に示すように，海外MBA派遣制度のある5社，現在はないが過去に実施していた2社，現在はないが将来は実施したい9社，今後も派遣は実施しない32社，そして不明が2社である。

図表1-8　海外MBA派遣制度の実施状況と回答数（1回目：東京都）

海外MBA派遣制度の実施状況	回答企業数（回答率）
海外MBA派遣制度のある企業	5社*
過去に実施していた（現在制度はない）	2社
将来は派遣を実施したい（現在制度はない）	9社
今後も派遣は実施しない（現在制度はない）	32社
不明	2社
合　計	50社（5％）

注：調査対象企業数に，63社（図表1-7参照）を含めている（n＝1,112）。
　　＊このうち1社は，部署ごとに派遣を行っているため，調査票への記入はできないとの回答であった。
（出所）筆者作成。

2回目の調査での回答企業数は，46社（5％）であった。その概要は，図表1-9に示すように，海外MBA派遣制度のある2社，現在はないが過去に実施

していた 5 社，現在はないが将来は実施したい 4 社，今後も派遣は実施しない 30 社，不明が 5 社であった。

図表 1-9　海外 MBA 派遣制度の実施状況と回答数（2 回目：東京都以外）

海外 MBA 派遣制度の実施状況	回答企業数（回答率）
海外 MBA 派遣制度のある企業	2 社
過去に実施していた（現在制度はない）	5 社
将来は派遣を実施したい（現在制度はない）	4 社
今後も派遣は実施しない（現在制度はない）	30 社*
不明	5 社
合　計	46 社（5%）

注：調査対象企業数に，63 社（図表 1-7 参照）を含めている（n = 1,000）。
　　＊このうち 1 社は，短期のビジネススクール（MBA 学位の取得はない）に派遣して
　　　いた。
（出所）筆者作成。

　以上のような 2 回の調査結果は，図表 1-10 にまとめている。全体の回答企業数は，97 社（5%）であった。その概要は，海外 MBA 派遣制度のある 8 社，現在はないが過去に実施していた 7 社，現在はないが将来は実施したい 13 社，今後も派遣は実施しない 62 社，そして不明が 7 社であった。

図表 1-10　海外 MBA 派遣制度の実施状況と回答数（1・2 回の合計）

海外 MBA 派遣制度の実施状況	回答企業数（回答率）
海外 MBA 派遣制度のある企業	8 社*
過去に実施していた（現在制度はない）	7 社
将来は派遣を実施したい（現在制度はない）	13 社
今後も派遣は実施しない（現在制度はない）	62 社
不明	7 社
合　計	97 社（5%）

注：n = 2,112（1 回目と 2 回目の調査企業数の合計）。
　　＊筆者が個人的に回答を依頼した 1 社を加えている。
（出所）筆者作成。

　上記の調査を行った中の数社からは，直接に意見を聞いている。また，本書

の巻末に，「海外 MBA 派遣をする企業の回答の概要（資料 1）」と「海外 MBA 派遣をしない企業の回答の概要（資料 2）」を収録した。

④ MBA 調査

　MBA ホルダーに対する調査［MBA 調査］を行うにあたり，最初に，MBA に関連のある企業や大学関係者へのインタビュー調査を行った。調査対象は，MBA を含む留学支援会社（2 社），MBA ホルダーを対象とする就職支援会社，MBA を対象とした調査経験のある企業，MBA ホルダーの活用に詳しい会社経営者，ビジネススクール（ヨーロッパ）の日本のアドミッションズ・オフィス，中国のビジネスススクール教員（日本人）である。

　調査の目的は，海外 MBA 派遣制度と MBA ホルダーに関する情報を広く収集することである。各分野に精通した専門家に会って，1〜2 時間程度で話を伺った。インタビューは，2017〜2019 年に実施した。この期間に，海外 MBA ホルダーとエグゼクティブ MBA ホルダーによる日本人留学希望者を対象とした説明会に数回参加した。

　上記の調査と並行して，MBA ホルダーへのインタビュー調査を行った。MBA ホルダーに対する共通の質問項目は，海外 MBA 派遣制度について，MBA ホルダーの現状について，その他の個人的な意見についてである。企業からの派遣者に対しては，日本企業からの退職経験と，現在の退職意識の有無について尋ねている。彼らの本音に近づくため，インタビューは会社から離れた場所で行い，リラックスした雰囲気のなかで，自由に話してもらえるよう工夫した。

　［MBA 調査］の対象である MBA ホルダーは，図表 1-11 に示すように，アメリカ MBA ホルダーの社費 2 人，ヨーロッパ MBA ホルダーの私費 3 人，オーストラリア MBA ホルダーの私費 1 人，中国 MBA ホルダーの社費 1 人と私費 12 人，アメリカ・ヨーロッパのエグゼクティブ MBA ホルダーの私費 3 人の合計 22 人である。2017〜2018 年の間に，各 MBA ホルダーに対し，1〜2 時間程度で会って話を伺った。

図表 1-11　調査対象の MBA ホルダー

MBA ホルダーの区分	人数（社費・私費の区分）
アメリカ MBA ホルダー	社費 2 人
ヨーロッパ MBA ホルダー	私費 3 人
オーストラリア MBA ホルダー	私費 1 人
中国 MBA ホルダー	社費 1 人，私費 12 人
アメリカ・ヨーロッパのエグゼクティブ MBA ホルダー	私費 3 人
合　計	22 人

（出所）筆者作成。

　中国 MBA ホルダー（私費 12 人）の中には，中国で働いていた MBA ホルダー（私費 9 人）を含んでいる。アメリカ・ヨーロッパのビジネススクールを卒業した MBA ホルダーの場合，卒業後も現地に残って仕事をする人は少ない。しかし中国 MBA ホルダーの場合，卒業後も現地に残って仕事をする人が，毎年修了生の 1 割程度は存在すると聞いていた。そこで，どのような理由で中国に残るのか，どのような仕事をしているのか，MBA 学位はキャリアに有利なのか，という共通の質問を中心に，2018 年に中国で 9 人に対して面談の上話を伺った。

　［MBA 調査］の結果は，巻末の資料としては割愛している。本書での海外MBA 派遣制度の実態や分析は，［企業調査］と［MBA 調査］を統合して論述している。［企業調査］は定量的な分析において回答数が少ないため，調査結果の考察は，定量的分析よりも定性的な傾向分析が中心である。定量的な分析だけに頼ることなく，その裏にある意図を明らかにするよう試みている。

注

1) アメリカのビジネススクールは，AACSB（Association to Advance Collegiate Schools of Business）に認可されているビジネススクールだけを研究対象としている。AACSB の認証制度は，ビジネス教育のディファクト・スタンダードとして，グローバルな環境に置かれているビジネススクールに制度的ルールを受容させることにより，組織運営や教員組織，カリキュラムの基本的枠組みにおける同型化

をもたらしている（森下・牧田・佐藤，2013）。そのため，海外の経営系大学院修了生の41%が，国際的な第三者（評価機関）による認定の有無や評価内容を重視しているという調査結果がある（工業市場研究所，2017）。
2) ビジネススクールを選ぶ際，アメリカでは評価機関（AACSB）の認証を第一に重視するのに対し，ヨーロッパでは4番目と低い（GMAC，2015：15）。アメリカのトップレベルのビジネススクールが重視するのはAACSBだけで，ヨーロッパで重視される認証機関であるEFMDやAMBAには無関心だという（森下・牧田・佐藤，2013）。
3) 『会社四季報CD-ROM（2018年春）』から抽出した。

2. 海外 MBA 派遣制度の実態

　海外 MBA 派遣制度の実態は，［企業調査］から，その内容をある程度把握することができる。制度を実施しない企業からの回答数を含めると，全体で97社（5%）の回答を得たが，その中で，制度を実施する企業からは8社だけであった。そのうち1社は，「海外 MBA 派遣を実施しているが，制度として主管している部署はなく，各事業部において，その目的と状況によって単発的に派遣しているため，派遣基準や条件はさまざまである」という理由により，調査への回答はできないとの返事があった。以下では，分析可能な7社からの回答を中心に，制度の各構成要素（図表1-6参照）の実態を明らかにする。

　［企業調査］での7社からの回答分析とは，数が少ないと思われるが，図表1-1で示したように，工業市場研究所（2017）による海外の経営系大学院の正規プログラムに派遣している企業からの回答数が9社であったことから，少ないとは言えない。以下では，なかなか知ることができない制度の内容を紹介しよう。

(1)　派遣目的

　［企業調査］における海外 MBA 派遣制度の派遣目的は，図表2-1に示すように，「将来の経営幹部の育成」（5段階評価の「やや重要」「重要」の合計7社）と「将来のグローバル・マネジャーの育成」（「やや重要」「重要」の合計7社）が最も多い。続いて，「若手社員のインセンティブ効果」（「やや重要」合計5社）と「優秀社員の獲得（派遣制度があるため）」（「やや重要」3社）である。「古くから派遣を行っているため」（「やや重要」「重要」の合計2社）も指摘されている。逆に，「他社も行っているため」という回答はない（資料1：問1）。制度を継続している企業は少数になってしまったため，他社との比較や，制度の歴史の長

さにこだわる必要はなくなっている。

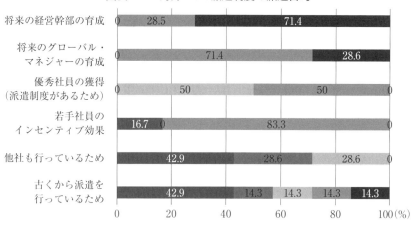

図表 2-1　海外 MBA 派遣制度の派遣目的

注：資料 1：問 1。〔企業調査〕（n＝7）。
　　回答数（n＝7）が少ないため，図表ではパーセンテージで示しているが，本文中は回答企業数
　　で示している。
（出所）筆者作成。

「将来の経営幹部の育成」「将来のグローバル・マネジャーの育成」という質問項目は，MBA ホルダーを育成するための「人材の育成目的」であるが，「優秀社員の獲得（派遣制度があるため）」「若手社員のインセンティブ効果」は，制度が存在することで優秀な入社希望者に対するアピール効果や，若手社員への報酬的役割を担うという制度の誘因的な役割を担うため，「制度の誘因目的」と呼ぶ。

　派遣目的には，人材の育成目的と制度の誘因目的の2つが存在する。表向きの目的が人材の育成目的であるが，その背後に存在するのが制度の誘因目的である。人材の育成目的は，派遣者に説明するための目的であり，MBA ホルダーの育成理由を示す。制度の誘因目的は，誰にも説明する必要はないが，制度が存在する限り，制度とともに存在する目的である。

　例えば,「海外 MBA 派遣制度の会社案内や社員募集への記述を, どのくらい重視するか」という質問項目は, 企業は制度の誘因目的を, どの程度重視しているかを示す。「会社案内 (カタログ) への記述」(「重要でない」「あまり重要でない」の合計 3 社と「やや重要」2 社),「社員募集 (HP) への記述」(「重要でない」「あまり重要でない」の合計 3 社と「やや重要」3 社),「就職情報サイトへの記述」(「重要でない」「あまり重要でない」の合計 3 社と「やや重要」2 社), という調査結果である (資料 1：問 2)。会社案内 (カタログ, ホームページ), 就職情報サイトへの記述における制度の若手社員のインセンティブ効果について, 企業の認識は分かれている。調査票の問 2 (資料 1) での 3 つの質問項目の「どちらともいえない」という回答数の合計は 5 社 (2＋1＋2＝5) 存在するように, 曖昧な認識を持つ企業は少なくない。

　派遣目的について, 将来の経営幹部及びグローバル・マネジャーの育成という人材の育成目的と, 優秀社員の獲得及び若手社員のインセンティブ効果という制度の誘因目的の両方を, 企業は重視している。制度の誘因目的を重視する傾向は, 会社案内 (カタログ, ホームページ) や就職情報サイトへの記述における入社希望者へのアピール効果を期待する企業が存在することから明らかである。

　金 (2002) の調査でも, 米国 MBA 派遣制度の派遣目的において,「育成目的」(人材の育成目的) と「インセンティブ目的」(制度の誘因目的) の 2 つの目的の存在が指摘されていた。[企業調査] において明らかになった人材の育成目的 (育成目的) と制度の誘因目的 (インセンティブ目的) は, 20 年以上も変わっていない。

　制度運営を長期・安定的に継続するためには, 両方の目的を必要とする。派遣者に説明される目的は, 人材の育成目的だけであり, この目的が企業から社会に発信される目的である。そのため, 人材の育成目的だけが, 制度が実施される理由であると考えられやすい。しかし, 人材の育成目的だけでは, その目的の達成は難しく, MBA ホルダーの帰国後の活用という成果も曖昧なため, 制度運営は行き詰まりやすい。この点について, [MBA 調査] における日本企業からの退職経験のある MBA ホルダーからの意見が参考になる。

「多くの企業の派遣目的は，『グローバル人材の育成』とかで，具体的に何のことだかよくわからない。うちの会社の派遣目的もそうだった。実際には，MBAホルダーに対してグローバル人材の育成もせずに，派遣で育成した多くのMBAホルダーが辞めていくのに，なぜこの制度が存在するのか不思議である。派遣を実施する会社が本気で，派遣目的に即したMBAホルダーを育成しているならば，これほど多くの派遣者が，この会社を退職するはずがない（派遣で育成したMBAホルダーの半数以上が，この企業を退職していた）」

　この企業のホームページには，海外MBA派遣制度に関する詳細が記述されていたため，制度の誘因目的を重視していた。しかし，上述したMBAホルダーの意見のように，人材の育成目的はあまり重視しないため，多くの退職者をだしていた。

　他にも，制度を実施する企業のホームページにおける派遣目的に関する記述を調べてみると，「リーダーシップや経営スキル，国際感覚を習得する機会を設け，『自己のあくなき向上心を発揮し，○○の事業発展に貢献しよう』という情熱あふれる若手従業員を育てることを目的とします」や「グローバルなフィールドで活躍できる中堅層の人材を育成する制度です」などと記されていた。記述は全て人材の育成目的に関するものであり，その内容はかなり漠然としている。

　このような人材の育成目的が，ホームページ上に記載されるだけでなく，派遣者にも説明されていたら，派遣者はかなり曖昧な目的であると認識する。企業は派遣者に対し，ほとんど何も期待しないと受け取られてしまうか，派遣者は企業の派遣目的の意図をつかみきれずに戸惑ってしまう。

　人材の育成目的が曖昧な傾向は，派遣目的に関する既存の調査・研究からも明らかである。例えば，海外留学制度を有している企業の学士・修士学位取得を前提とした海外留学を行う目的は，① 国内では得られない知識・技術の付与，② 将来的に経営の中核となる人材の育成，③ 国際的な人脈づくり，国際感覚・異文化適応力の涵養，とされている（海外職業訓練協会，2004）。また，MBAに派遣する目的・狙いは，海外校の場合，①「総合的な経営の知識・スキル」の

習得，② 国際的なビジネス感覚・英語力の習得，③ 人的ネットワークの形成，という調査結果もある（慶應義塾大学大学院経営管理研究科，2009：51）。

　これらの派遣目的は，人材の育成目的というよりも，企業が MBA ホルダーに期待する修得スキルである。企業は何のために MBA ホルダーに特定のスキルの修得を期待するのか。企業が期待する将来の人物像を示すことが，人材の育成目的の役割である。

　派遣者には制度の誘因目的が説明されることはない。制度の誘因目的は，企業だけがメリットを得られる派遣目的であるため，表にだす必要がない。企業は派遣者にあえて明示しなくても，高いコストをかけて長期間留学させるのだから，制度の報酬的役割などの誘因目的を，しっかりと理解したうえで派遣されると思い込みやすい。

　派遣者は，制度の誘因目的にはほとんど関心がない。制度への応募対象者は若手社員が中心であるため，制度の誘因目的の存在にさえ気付くことは少ない。派遣者は曖昧な目的のもと，将来の帰国後の処遇を期待しながら，留学に出発することになる。この時点から，企業と派遣者の間の意識ギャップが始まっている。

　［MBA 調査］において明らかになったのは，人材の育成目的に即した人材を育成することをあまり考えない企業は，帰国後の MBA ホルダーの処遇についても考慮することが少ないことである。逆に，企業が制度の誘因目的を重視するのであれば，MBA ホルダーが帰国直後に優遇されなかったとしても，彼らは我慢するのが当然だと考える。企業と MBA ホルダーの間に生じる意識ギャップの存在を危惧してか，「派遣目的を明確化」（「ややその通り」5 社）したいと考える企業は少なくない（資料 1：問 17）。つまり，企業は人材の育成目的だけを明確化したいのである。

　問題の核心は，派遣目的の言葉にあるのではなく，目的に即した人材を，企業は本気で育成しようとしているかである。言葉を変えるだけでなく，派遣目的に即した制度の構成要素（図表 1-6 参照）全体を変えていく必要がある。

⑵ MBA ホルダーの修得スキル

MBA ホルダーの修得スキルには，派遣目的が反映されることが望ましい。人材の育成目的に示すような人材になるために，MBA ホルダーはビジネススクールで，どのようなスキルを修得すればよいかが決まるのである。

人材の育成目的は，［企業調査］では将来の経営幹部の育成とグローバル・マネジャーの育成であった（資料1：問1）。そこで，経営幹部とグローバル・マネジャーに必要とされる修得スキルを探ることにする。

金（2002）が MBA ホルダーの修得スキルに関する研究・調査・出版物を整理・分析した結果，「グローバル・スキル（Global skill）」と「プロフェッショナル・スキル（Professional skill）」の2つのスキル領域を抽出した。人材の育成目的の「将来の経営幹部の育成」には，プロフェッショナル・スキルが必要であり，「将来のグローバル・マネジャーの育成」には，グローバル・スキルが必要である。

MBA ホルダーに期待されるグローバル・スキルの内容は，「国際センス（International sense）」「国際的人的ネットワーク（International human network）」「英語力（Business English）」の3つとし，「プロフェッショナル・スキル」の内容は，「経営管理能力（Management skill）」と「専門知識（Special knowledge）」の2つであった（金，2002：73-74）。

［企業調査］では，グローバル・スキルとプロフェッショナル・スキルのスキル領域の中の5つの項目（国際センス，国際的人的ネットワーク，英語力，経営管理能力，専門知識）に，「新しい経営情報と現地事情の収集」という項目を加えて，修得スキルの質問項目とした（資料1：問3）。

第1に「国際センス」とは，異文化への感受性や理解力が高く，異文化社会での生活や仕事に対する適応能力のことである。カルチャーショックやリバース・カルチャーショックの影響を受けることが少なく，異文化における忍耐力や対ストレス性が強い。加えて，多様性にも寛容で，文化・宗教などの慣習や課題にも精通している。

第2に「国際的人的ネットワーク」とは，異文化社会の中で，外国人との人

脈を形成・維持する能力のことである。ビジネス上の人的なネットワークが，企業の運営上，重要な意味を持つ国も少なくない。政府や官僚との人的ネットワークの構築が，ビジネス上で必要な国もある。ビジネスに必要な人々との人的ネットワークを，迅速・親密に築き上げる能力は，国際経営には必要なコミュニケーション能力である。

第3に「英語力」とは，英語で職務を遂行するための語学力，または日常的な生活面での英語のコミュニケーション能力のことである。ビジネス・コミュニケーションには，プレゼンテーション能力やスピーチ力も含めて，高いレベルでの英語力を必要とする。優れた英語力を修得するためには，英語圏での表現方法や文化的な言葉の使い方までを理解する必要がある。通訳を通すことなく，直接相手とコミュニケーションすることで，ビジネス関係もスムーズに進み，親密性を保つことができる。「英語力」は全てのビジネス分野に欠かせないスキルとして，重要性を増している。以上の3つの修得スキルを，グローバル・スキルと呼ぶ。

第4に「経営管理能力」とは，企業経営に関するマネジメント能力と戦略立案能力のことである。マネジメント能力には，人事管理，企業文化，ビジネス倫理，リスク・マネジメント，異文化マネジメントなどが含まれる。戦略立案能力とは，マーケティング戦略，組織戦略，経営戦略，技術戦略などを立案できる能力のことである。

第5に「専門知識」とは，特定の経営分野の知識に精通している潜在能力のことである。経営管理能力と専門知識は，企業経営のプロフェッショナルとして，成果をだすために必要な修得スキルである。以上の2つの修得スキルを，プロフェッショナル・スキルと呼ぶ。

第6に「新しい経営情報と現地事情の収集」とは，MBAホルダーがビジネススクールで開発された新たな経営手法を修得することに加え，留学先現地でのビジネス情報やトレンドを察知し，情報収集を行うことである。最先端の経営技術やマネジメント手法を知ることは，国際経営にとって重要である。

アメリカ・ヨーロッパのトップレベルのビジネススクールが，新たな経営手

法や先端技術の世界への発信源の中心である限り，日本企業がそこに社員を派遣して，新たな情報を得たいと考えるのは当然のことである。MBAホルダーは，企業に最新の経営情報をもたらす媒体としての役割を担っている。

［企業調査］の結果，企業が期待するMBAホルダーの修得スキルは，図表2-2に示すように，①「経営管理能力」（「重要」7社），②「国際センス」「英語力」（各「やや重要」「重要」の合計7社），③「国際的人的ネットワーク」「専門知識」「新しい経営情報と現地事情の収集」（各「やや重要」「重要」の合計6社），が重視されていた（資料1：問3）。

なかでも「経営管理能力」だけが，回答した全ての企業（7社）に，「重要」だと認識されている。「将来の経営幹部の育成」という派遣目的と合わせて考えると（資料1：問1），MBAホルダーが将来，経営幹部になるために修得するべきスキルが経営管理能力なのである。

なお，海外の経営系大学院修了生からの回答として，経営系大学院への志望動機は，①企業経営に必要な一通りの理論や知識を得るため（42%），②実践的な知識を得るため（38%），③特定分野の専門的な知識を得るため（27%），という調査結果がある（工業市場研究所，2017）。彼らが目指すのも，プロフェ

図表2-2　派遣者に期待される修得スキル

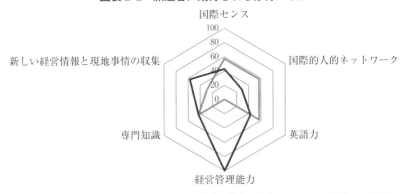

注：資料1：問3。［企業調査］（n＝7）。
（出所）筆者作成。

ッショナル・スキルである。逆に，グローバル・スキルは含まれていない。企業が経営管理能力の修得だけを派遣目的とするならば，国内のビジネススクールへの派遣だけでも，十分に修得可能だと考えられる。

　しかし［企業調査］では，グローバル・スキルである国際センス，国際的人的ネットワーク，英語力の修得についても，企業は高い期待を抱いていた。同様に，企業が特定分野の専門知識やスキルの修得について，海外のビジネススクールへの派遣目的にする場合の専門領域は，① 経営戦略，国際的経営能力，② マーケティング，③ 会計・財務，とされるように（慶應義塾大学大学院経営管理研究科，2009：51），国際的経営能力も重視されている。

　加えて，海外の経営系大学院修了生からの回答として，「どのような人材になることを目指したか」という質問については，① ゼネラルマネジャー(38%)，② グローバル人材 (36%)，③ 特定分野のスペシャリスト (31%)，とされている（工業市場研究所，2017）。MBA ホルダー自身も，経営幹部に含まれるゼネラルマネジャーや特定分野のスペシャリスト，そしてグローバル人材になることを期待している。

　また，彼らが修得できたと思う能力・知識に関する質問では，回答率の80％以上の項目が，「企業経営に必要なひと通りの理論や知識の修得」「戦略思考能力」であり，70％以上の項目は，「分析思考能力」「コミュニケーション能力」「問題解決力」「プレゼンテーション能力」「ビジネスモデル（ビジネスプラン）作成能力」「異文化への対応力（ネットワークを含む）」であった。彼らがスキルを修得するのに苦労する点は，① 講義の予習，課題作成に関わる時間の確保 (50%)，② 講義内容そのものを理解すること (44%)，③ 他の就学生とのコミュニケーションやレベルの差 (35%)，とされている（工業市場研究所，2017）。企業が期待するプロフェッショナル・スキルを修得するために，ビジネススクールでは英語でコミュニケーションしながら，講義内容を理解するため，多くの時間を学習に当てて苦労する彼らの様子が伺える。

　ところで，世界の企業が期待する MBA ホルダーの修得スキルは，① 仕事力（Working with others），② 自己管理能力，③ 問題解決能力，④ 傾聴力，⑤

論理・理解力，が順に指摘されている（GMAC, 2018c：10）。その反面，企業が発見するのが困難だと考える MBA ホルダーの修得スキルは，① データ解析と理解力，② 問題解決能力，③ 指導力と反応力，④ 論理・理解力，⑤ 口頭でのコミュニケーションとプレゼンテーション力，傾聴力，である（GMAC, 2018c：11）。これらの修得スキルは，全てプロフェッショナル・スキルである。

　［企業調査］における修得スキルに関する問題点は，「派遣の成果の把握が難しい」（「ややその通り」「全くその通り」の合計 4 社）であり，「MBA のスキルが実務に役立たない」（「どちらともいえない」4 社）という評価につながっている。また，「社内に MBA の活躍の場が少ない」（「ややその通り」「全くその通り」の合計 5 社）という企業内の事情もある（資料 1：問 16）。

　個人の MBA ホルダーがどのようなスキルを修得し，それがどの職務で，どのように活かされているかという派遣の成果に関する具体的な情報は，企業にどの程度把握されているのか。グローバル・スキルの中では，派遣の成果として比較的評価しやすいのは，ビジネス上での活用が可能な「英語力」だけである。「国際センス」と「国際的人的ネットワーク」は，その成果を数量的に測定することは難しいため，潜在的な修得スキルである。その反面，プロフェッショナル・スキルは，ビジネス上での活用が可能なため，派遣の成果として評価しやすい顕在的な修得スキルである。

　［MBA 調査］において MBA ホルダーからは，「日本企業の人事部は，MBA ホルダーについてほとんどわかっていない。人事部が MBA ホルダーを評価したり，処遇するのは難しい」という意見があった。［企業調査］では，「結局，MBA とは何なのか。よくわからない」という意見があった。MBA ホルダーと企業の間の評価にも，意識ギャップが生じている。

　人材の育成目的と，その目的を具体化した MBA ホルダーに期待される修得スキルの間には，密接な関係がある。制度の誘因目的を重視する場合には，企業の MBA ホルダーの修得スキルに対する期待はあまりない。派遣目的を明確にするためには，人材の育成目的である将来の人材像と，それに関連した修得スキルの両方を示す必要がある。両方を示すことにより，将来の人材像は具体

性を増し，派遣者がビジネススクールでどのような勉強をすればよいかの指針
になるのである。

(3)　派遣者の応募条件と選抜

　企業は，派遣者をどのように選抜するのか。[企業調査] から派遣者の，①
対象年齢と勤続年数，② 資格，③ 派遣先ビジネススクールの条件，④ 人選方
法，⑤ 選抜要因，⑥ 英語力の審査方法と支援，について考察する。

　第 1 に，派遣者の対象年齢は，① 20 代後半 (6 社)，② 30 代前半 (4 社)，③
30 代後半 (2 社) と，20 代後半から 30 代前半が中心である (資料 1：問 4(1))。
制度に応募するための勤続年数は，① 4 年 (4 社)，② 5 年以上 (3社)，③ 3 年 (2
社) であるように (資料 1：問 4(2))，4 年程度から 5 年以上が最も多い。同様に，
派遣者の年齢は，20 代後半から 30 代前半に集中しているという調査結果もあ
る (海外職業訓練協会，2004)。

　MBA プログラムは，管理職を対象としたエグゼクティブ MBA プログラム
と異なり，年齢が比較的若いビジネスパーソンを対象にしている。一般に，ビ
ジネススクールに入学するためには，3 年程度の職務経験を必要とする。企業
の選抜においても，20 代後半の人々の派遣 (勤続年数 4 年程度) が中心になる。
[企業調査] では，30 代を超える社員を選抜することにより，学位取得後の転
職をさせにくくするという狙いがあると答えた企業も存在する。

　[MBA 調査] で明らかになったのは，30 代の派遣者の中には，エグゼクテ
ィブ MBA プログラムに派遣してもらえるように，個人で企業と交渉するケー
スが存在することである。エグゼクティブ MBA ホルダーからの情報では，同
級生の中で日本企業から派遣された社員は，企業と個別交渉して MBA プログ
ラムではなく，エグゼクティブ MBA プログラムに派遣してもらっていたとい
う。「日本企業からの MBA プログラムへの派遣者は，年齢が比較的高い人 (30
代前半) が少なくない。年齢が高い人は，エグゼクティブ MBA への派遣の方
が良いと思う。MBA プログラムは 20 代の若い人々が中心で，ビジネス経験
も少ないため，年齢の高い人々にはあまり勉強にならない」という。

第2に，制度への応募資格は，①「中途採用者も応募可能」(「ややその通り」「全くその通り」の合計6社)，②「独身または単身留学可能な者」(「ややその通り」「全くその通り」の合計4社)，という回答である。逆に，①「応募できる部署を限定」する(「全く違う」6社)，②「日本人社員」「男性社員(が中心)」(各「全く違う」「違う」の合計4社)，という回答は少ない(資料1：問4(3))。

　制度は家族単位での派遣ではなく，単身での派遣が中心であり，中途採用者や外国人でも応募は可能であるとともに，男性社員の応募を中心としているわけではない。しかし，［MBA調査］から明らかになったのは，応募の性別は関係ないとしながらも，実際に選抜されるのは男性が中心の傾向であった。女性が派遣者に選抜されることはなかったため，企業を辞めて私費で留学したという，［MBA調査］から判明した女性のエグゼクティブMBAホルダーも存在した。

　［企業調査］では，在職する派遣のMBAホルダーの平均人数は22人であったが，女性は平均2人と少ない(資料1：問13(1)(2))。類似した調査でも，海外のビジネススクールへの社費留学制度の存在する23社の中で，女性のMBAホルダーの人数(私費を含む)は，1人が3社，2人が1社，3人が1社と，かなり少ない(朝日新聞出版，2003：12-13)。

　制度の今後の方向として，「女性の派遣者を増やす」(「どちらともいえない」(4社)，「ややその通り」(2社))ことに対する企業の認識は高くない(資料1：問17)。企業が女性を派遣者に選ばない理由は，「派遣後に転職しやすい」ことに加え，「女性が帰国後に生意気になって扱いにくくなると困る」という調査結果もある(金，2002：41)。

　女性のMBAホルダーが日本企業で働くためには，男性のMBAホルダーとは異なる問題が発生する。例えば1980年代に，日本人で最初にハーバード大学のビジネススクールに入学した女性は，後に続く日本人女性たちに，「MBAはまず謙虚になること！」と助言していた。「…『MBA取得者には，『なんだ，アイツ！』ってことになります。ふつうにしていても，まわりは『アメリカのビジネススクールを卒業してきた，MBAだ』と，少し違う目で見ています。

…まわりはレッテルを貼って見ますから』(アスペクト編集部, 1991：244-246)」という。

　第 3 に，派遣先のビジネススクールの条件として，企業が重視する要因は，① 本人の意思(「やや重要」「重要」の合計 6 社)，② ビジネススクール・ランキング(「やや重要」「重要」の合計 5 社)，③ カリキュラムの内容(「やや重要」「重要」の合計 4 社)，である(資料 1：問 4(4))。類似した調査では，企業が派遣先(海外)ビジネススクールを選択する基準として，① カリキュラムの内容，② 派遣される社員の希望，③ 学校の知名度・マスコミなどでのランキング，とされていた(慶應義塾大学大学院経営管理研究科, 2009：50)。

　海外の経営系大学院修了生が大学院を選定する際の重要点は，① 大学院の知名度が高い(56%)，② カリキュラムが充実している(41%)，③ 教員の実績，知名度がある(32%)，とされている。ビジネススクールを選定する際に，ビジネススクール・ランキングを参考にしたかと尋ねたところ，80% が参考にしたと回答している。彼らへのヒアリング調査では，「修了後も国際的に通用する学歴を取得したいと考えていたため，グローバルビジネススクールランキングに入っていることは重視した」という意見があった(工業市場研究所, 2017)。

　ビジネススクール・ランキングについては，トップ 20 以内のビジネススクールへの留学を中心とする企業がほとんどである。それ以外のビジネススクールへの留学を希望する場合は，その理由(学びたいコースがあるからなど)がはっきりしていれば可能とする企業があることが，[MBA 調査]から明らかになっている。

　派遣者に選抜された後，トップレベルのアメリカやヨーロッパのビジネススクールへの入学ができなかった場合，アジア諸国のビジネススクール・ランキングのトップレベルのビジネススクールへの入学を希望する派遣者も存在する。アジア諸国のトップレベルのビジネススクールの中でも，1 年間で英語での受講が可能なシンガポールや中国は，留学先として希望する派遣者が存在し，多くの企業がそれを認めている。逆に企業は，トップレベルのビジネススクールであれば，世界中どこでもかまわないという傾向であることが，[MBA 調査]

から明らかになった。

　派遣先については，アメリカのビジネススクールが7社，ヨーロッパのビジネススクールが4社，アジア諸国のビジネススクールが3社と，多様化する傾向にある（資料1：問18）。類似した調査では，海外留学（学士・修士など学位取得目的とそれ以外）の派遣先として，アメリカが58.5%，イギリスが20.0%と，両国で全体の8割程度を占めていた。英語圏以外では，中国が5.5%と最も多い（海外職業訓練協会，2004）。

　第4に，派遣者の人選は，「公募のみ」（4社）とする企業が最も多い。その他には，「指名・推薦・公募」が1社，「指名・公募」が1社，「推薦・公募」が1社であった（資料1：問5(1)）。企業が公募を中心に選抜を行う理由は，派遣目的である「若手社員のインセンティブ効果」（「やや重要」5社）（資料1：問1）を重視するからである。

　一方，公募では「派遣したい社員が応募してこない」（「ややその通り」「全くその通り」の合計5社）ことが問題点である。そのため，「派遣者の人選が難しい」（「ややその通り」「全くその通り」の合計3社）と考える企業もあり，今後「人選方法の見直し」（「ややその通り」「全くその通り」の合計3社）をしたいとする企業もある（資料1：問16，17）。制度の育成目的に即した人材を育成するのであれば，推薦や指名による選抜の方が，企業の意図する派遣者を選抜しやすい。逆に，制度の誘因目的を重視するのであれば，公募でない限り，若手社員への誘引にはなりにくい。どちらの派遣目的を優先するかによって，派遣者の人選方法は変わってくる。

　企業が毎年派遣する人数は，「1〜2人」（7社）と少ない（資料1：問5(4)）。企業は「多くの社員を派遣できない」（「ややその通り」「全くその通り」の合計4社）ことは問題だと考えている。「派遣コストが高い」（「ややその通り」「全くその通り」の合計5社）ことや，「派遣期間が長い」（「ややその通り」「全くその通り」の合計3社）ことも関係している（資料1：問16）。そのため，1年制のビジネススクールへの派遣だけを認可している企業もある。

　過去3年程度の制度への応募者数の傾向は，派遣人数の「1〜2倍」（2社）か

ら「3〜4倍」(3社) であり, 応募者数は「減っている」(4社) 及び「ほぼ同じ」(3社) であるという (資料1:問5(2)(3))。つまり, 派遣者は毎年1〜2名で, その倍率は1〜4倍程度, 過去3年程度の応募者数は減っている及びほぼ同じ傾向であるため, 比較的安定した制度の運営状態が続いている。

派遣者の人選は「人事部」「役員」(各4社) が主に行うが,「所属部署の上司 (2社)」「社長 (1社)」「MBA ホルダー」(1社)」という回答もあった (資料1:問5(8))。[MBA 調査] において MBA ホルダーから,「直属の上司が許可するかどうかが, 制度に応募できるかを左右する。逆に, 上司がずっと許可しないために, 制度への応募をあきらめた社員もいる」「上司をどのように納得させるかが, 派遣できるかのカギになる。その他の要因は, あまり重要でない。上司の推薦状がなくては, 応募ができないからだ」という意見があった。

「上司からは反対されると思ったので, 上司には報告せずに制度に応募した」という意見や,「同じ部署の上司が自分を励ましてくれたからこそ, 制度に応募して通過することができた」という意見もある。直属の上司が人選に関わるケースでは, 上司が部下の留学に賛成する場合はプラスに働くが, 反対する場合はマイナスになってしまう。公募による人選の難しさである。「公募で社内の競争を勝ち抜くことが大変で, そこが通れば, ビジネススクールへの申請さえも簡単に感じる」という意見もあった。

第5に, 派遣者の選抜要因は,「英語力」「業務成績」「面接」「志望動機」「本人の意欲」(各「やや重要」「重要」の合計7社) が, 企業に最も重視されていた。次いで,「上司の推薦」「永年勤続の意志」「将来のキャリア設定」(各「やや重要」「重要」の合計5社), そして,「社内試験 (小論文)」「健康状態」(各「やや重要」「重要」の合計4社) である。逆に,「専門知識・資格」「社内試験 (筆記試験)」(各「やや重要」「重要」の合計2社) と「大学の成績」(「やや重要」1社) は, あまり重視されていない (資料1:問5(5))。

人選方法は公募が中心であるため, 選抜要因として, 本人の志望動機や意欲, 面接が中心になるのは当然のことである。逆に, 本人の専門知識・資格, 小論文と筆記試験という社内試験, 大学の成績もそれほど重視されないのは, 学習

面が優秀な人材よりも，業務成績や本人の意欲が優先される制度であるからである。

「基本的に派遣制度とは，手を上げた社員の中から選ばなくてはならないため，企業が本当に派遣したいと思う人材を送ることはできない。会社の方で派遣したいと思う社員がいた場合は，公募とは別に，その時だけ，公募と推薦の両方で人選を行うことがある」というのは，［企業調査］での意見である。その企業は，「この制度の性質上，公募という人選方法は変えることはできない」という。また，「この制度の人選方法（公募）では，派遣したい人を派遣することは難しい。会社が派遣したいと思う社員のほとんどは，日本に残って業績を残したいと考える。そのため，この制度で選抜される派遣者は，国際派の少し変わった社員である」という意見もあった。

今後，「人選方法の見直し」（「ややその通り」「全くその通り」の合計3社）をしたいと考える企業は少ない（資料1：問17）。制度の誘因目的を重視するのであれば，公募以外の人選方法は考えられない。人材の育成目的を重視する企業が，派遣で育成したいと思われる社員がいた時だけ，公募と指名・推薦との併用を行うのである。

第6は，選抜要因として最も重視されていた「英語力」の審査方法と，その支援方法である。「英語力」の審査方法は，「TOEFLの点数」「TOEICの点数」（各4社）が最も重視されている。その他には，「GMATの点数」「上司の推薦」「外国人講師によるテスト」（各1社）とされている。逆に，「社内英語検定試験」「英語の小論文」「外部委託による英語試験」を行う企業はない（資料1：問5(6)）。

選抜された派遣者の英語力の向上のために，①「個人の英語勉強への資金援助」（4社），②「日本での英語学校・予備校への派遣」（3社），③「海外の英語学校への派遣」（1社），「企業内英語研修への参加」（1社），が行われていた。逆に，「日本の大学での聴講」や「海外子会社への派遣」を行う企業はない（資料1：問5(7)）。

希望するビジネススクールに合格するまで，派遣者の留学準備を全面的に支

援してくれる留学支援会社は少なくない。派遣者は，留学支援会社を利用することが多く，そこにかかる費用まで，企業は全てを負担する。派遣者は，留学支援会社を利用することにより，選抜後は比較的スムーズに，希望するビジネススクールへの入学を目指すことができる。

⑷　中間フォローと帰国後の報告

　留学中の派遣者は，中間フォローへの対応や中間報告書の提出義務があり，帰国後には，帰国報告や帰国報告書の提出義務がある。まず，中間フォローでは，留学中の派遣者とのコミュニケーション方法で最も多かったのは，「中間報告書の提出」「メールでのやり取り」（各「行っている」「頻繁に行っている」の合計5社），「社内報・社内情報の配布」「近くの海外子会社との交流」「社員の海外出張のさいに交流」（各「行っている」「頻繁に行っている」の合計3社）である。そして，「国際電話」（「行っている」2社），「学校訪問」（「行っている」1社）が続いている（資料1：問7⑴）。

　[企業調査] では，「留学中の派遣者には，できるだけ企業のことを忘れてもらい，自分の学業に専念してもらうため，会社からの接触はあまり行わない」という意見があった。そのため，留学中の派遣者が企業に提出する報告書の回数は多様である。

　定期的な報告書の提出は，「毎月」（3社）が最も多く，次いで，「学期ごと」（2社），「2〜3か月に1回」「自由」（各1社）である（資料1：問7⑵）。留学中の派遣者を管理したいと考える企業は，報告書の提出を細かく義務付ける反面，派遣者を可能な限り自由にしたいと考える企業は，報告書の提出を数か月ごと，及び自由にしている。

　留学中の派遣者が企業に提出する中間報告書の内容は，「学業・成績」「留学生活」（各7社），「留学の成果」（6社），「現地事情」（5社），「会計報告」（3社），「自由」（1社）である（資料1：問7⑶）。企業が留学中の派遣者とコミュニケーションする目的は，「留学生活のサポート」「派遣の成果の把握」（各「やや重要」「重要」の合計4社）が最も多く，次いで，「社内におけるMBA情報の蓄積」（「や

や重要」「重要」の合計3社），「帰国後の職務決定」（「やや重要」「重要」の合計2社）である（資料1：問7(4)）。

　企業が中間フォローを行う重要な理由は，派遣者の留学フォローと成果の把握を行うためであり，そのために報告書の提出を毎月義務付けるなど，管理体制を強化する企業は少なくない。また，MBAホルダーの修得スキルである「新しい経営情報と現地事情の収集」（資料1：問3）を重視する企業は，派遣者からの情報の社内での蓄積を重視するなど，派遣者を管理する以外の目的でも，報告書の提出を多く義務付けている。そして，これらのコミュニケーションを行うのは，主に「人事部」（7社）であり，次いで，「原職部署の上司」（1社）である（資料1：問7(5)）。

　［MBA調査］においてMBAホルダーからは，「毎月の中間報告書の提出は，とても面倒に感じた。ただでさえ勉強する時間がないのに，企業への報告書を作成することに割く時間はなかった」「企業に提出する報告書は，何か適当に書いておけばよかった。あまり時間をかけるのは，もったいないと考えていた」という意見があった。留学中の派遣者にとって，中間報告書の作成は，仕事の延長上にある義務的作業であるが，その時間でさえ惜しんで勉強しているのである。

　続いて，帰国後の派遣者には，「帰国報告」「帰国報告書の提出」（各「やや重要」「重要」の合計5社），「帰国報告会（幹部社員を対象）」（「やや重要」「重要」の合計4社），「帰国報告会（一般社員を対象）」（「やや重要」「重要」の合計3社）がある（資料1：問8(1)）。帰国報告の内容は，「留学の成果」（7社），「留学生活」「現地事情」（各5社），「学業・成績」（4社），「今後のキャリア希望」（1社）である（資料1：問8(3)）。帰国報告をする対象は，「人事部」（6社）と「役員」（5社）が中心であり，「原職部署の上司」（3社），「一般社員」（2社），「社長」（1社）という回答もあった（資料1：問8(2)）。

　留学中の派遣者の中間フォロー及び帰国後の対応について，「留学中の派遣者の管理方法」を制度の問題だと考えていたのは2社（「ややその通り」）だけである（資料1：問16）。［企業調査］では，「海外MBA派遣制度は長期にわたり

実施されてきた制度であるため，MBAホルダーからの報告書は，企業内にかなり蓄積している」という意見があった。派遣者からの中間報告書や帰国報告書などの提出物は，制度の誘因目的を重視するのであれば，若手社員に対して，派遣者の実態が直接届くような形で情報を発信することも可能である。

　例えば，SNS，フェイスブック，企業のホームページ，社内報などを活用することで，若手社員は直接に，留学中の派遣者の様子を知ることができる。実際の派遣者の海外での様子に興味を持つことで，公募制度に応募したいと考える社員がでてくるだろう。留学中の派遣者の声に直接触れることは，入社希望者に対する宣伝的な効果も期待できる。

(5)　帰国後の処遇

　企業派遣の場合，海外留学にかかる費用を，派遣者が負担するケースはほとんどなく，企業が全ての費用を負担する（海外職業訓練協会，2004）。［企業調査］では，派遣者1人の派遣中の給与を含む全てのコストの総額は，「2千万円」（4社）程度と高く，さらに，「2千5百万円」（1社），「3千万円以上」（1社）と回答した企業もある（資料1：問9）。企業は制度の問題点として，「派遣コストが高い」（「ややその通り」「全くその通り」の合計5社）と考えている（資料1：問16）。

図表2-3　MBAホルダーの帰国後の処遇

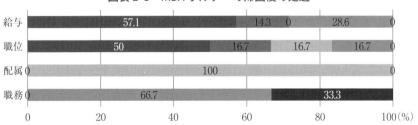

注：資料1：問10。［企業調査］（n＝7）。
（出所）筆者作成。

留学中の派遣者の身分は「変わらない（在職）」（6社）が，「出向」（1社）という回答もある（資料1：問6(1)）。派遣者の所属は「人事部」（5社）が最も多く，「原職部署」（2社）という回答もある（資料1：問6(2)）。派遣者の日本への一時帰国は，「認めている」（4社），「条件付きで認める」（3社）と，全ての企業が認めている（資料1：問6(3)）。

　帰国後のMBAホルダーの処遇は，図表2-3に示すように，変化するのは「職務」（「やや変わる」「変わる」の合計6社）が最も多く，次いで，「給与」（「やや変わる」2社），「職位」（「やや変わる」1社）である（資料1：問10）。変わる可能性が最も高い職務の場合，図表2-4に示すように，①「国際的な職務（国内）」（「ややその通り」「全くその通り」の合計7社），②「経営管理・企画など」「国際的な職務（海外）」（各「ややその通り」「全くその通り」の合計5社），③「新規事業の立ち上げ」（「ややその通り」「全くその通り」の合計4社），である（資料1：問12）。海外勤務しているMBAホルダーの平均人数は，3人と少ない（資料1：問13(4)）。また，MBAホルダーを多く配置している部署は，多い順から，「経営企画」「営業」「経理・財務・会計」という調査結果もある（朝日新聞出版，2003：12-13）。

　なお，「派遣前の職務に戻る」（「ややその通り」2社）という企業も存在する（資料：問12）。今後の制度の方向として，「帰国後の職務配置を工夫する」（「ややその通り」「全くその通り」の合計2社）ことを考える企業が比較的少ないこと（資料1：問17），派遣者の帰国後の職務配置を変えない（「派遣前の職務に戻る」）こ

図表 2-4　MBA ホルダーの帰国後の職務変化

	全く違う	違う	どちらともいえない	ややその通り	全くその通り
国際的な職務（国内）	0			85.8	14.3
国際的な職務（海外）	28.6	0		71.4	0
経営管理・企画など	0	28.6		57.1	14.3
新規事業の立ち上げ	0	42.9		42.9	14.3
派遣前の職務に戻る	0	33.3	33.3	33.3	0

■ 全く違う　■ 違う　■ どちらともいえない　■ ややその通り　■ 全くその通り

注：資料1：問12。［企業調査］（n=7）。
（出所）筆者作成。

とは，MBA ホルダーの不満の原因になっている。

例えば，［MBA 調査］において MBA ホルダーが派遣先企業を辞めた理由は，「帰国後の処遇が派遣前とほとんど変わらなかったため，このまま自分はキャリアを終わらせてしまっていいのかと思うと，我慢ができなくなって仕事を辞めた」という。「派遣先企業を辞めた MBA 同士の話では，やはり帰国後の処遇が問題であるケースがほとんどだ」という意見もあった。

企業が MBA ホルダーを帰国後に特別処遇しない理由は，図表 2-5 に示すように，①「派遣者も一般社員も仕事の成果しだい」（「ややその通り」「全くその通り」の合計 6 社），②「一般社員とのバランスをとるため」「入社後取得の大学院の学歴評価は行わない」（各「ややその通り」「全くその通り」の合計 4 社），③「派遣者にエリート意識をもたせないため」（「ややその通り」1 社），である（資料 1：問 11）。

図表 2-5　MBA ホルダーを特別処遇しない理由

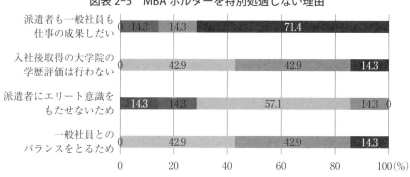

注：資料 1：問 11。［企業調査］（n＝7）。
（出所）筆者作成。

日本企業では，入社後取得の大学院の学歴を処遇するケースは少なく，大卒一括採用という日本的経営の特徴は，MBA ホルダーとは相性が悪い（Yoshihara, H., Okabe, Y., Kim, A., 2011）。MBA 学位に対する優遇は，制度上，職務を除くと難しい。企業にとって重要なのは，少数の MBA ホルダーでなく，多数を占

める一般大卒社員であるため，MBA ホルダーと一般社員とのバランスを取りたいという企業の意向は強い（資料 1：問 11）。

　国内外の経営系大学院修了生に対する処遇の差を「設けている」企業の割合は，全体の 18％しかなく，「設けていない」企業が 77％を占めるという調査結果もある。処遇の差を設けている企業は，「給与や手当に反映」するケースが多い（工業市場研究所，2017）。処遇上，大卒と大学院卒の間に学歴格差を設けるという意識が，日本企業にはもともと少ない。

　MBA ホルダーの帰国後の処遇は，彼らの活用に関係してくるため，人材の育成目的と直接関連している。「海外の経営系大学院では，企業（貴社）の求める人材を養成できていると思うか」という質問に対して，「思う」という企業の回答が，全体数の 20％である反面，「わからない」が 48％も存在するという調査結果がある（工業市場研究所，2017）。海外の経営系大学院では，企業の求める人材を養成できるか曖昧なのである。

　「海外の経営系大学院に対する評価・期待は，5 年前と比べて変わりましたか」という質問については，「わからない」が全体数の 61％と最も多く，「評価・期待は変わらない」が 25％，「評価・期待が高まった」のは 7％と少ない。5年前から，企業の海外の経営系大学院に対する評価は高くはない（工業市場研究所，2017）。

　「貴社の経営幹部の方や従業員の方が，国内外の経営系専門職大学院／経営系大学院で学ぶことについてどのような見解をお持ちですか」という質問では，「推奨」（6％）と「推奨はしていないが良いと思う」（28％）が合計で 33％であり，「あまり良いとは思わない」（3％）と「原則認めていない」（12％）が合計で 14％であった。さらに，「経営系専門職大学院／経営系大学院で学ぶことを推奨していない理由は何ですか」という質問に対しては，「具体的にどのような効果があるのかよくわからない」（37％）や「どのようなことをどのように学ぶのかなど具体的な内容がわからない」（31％）など，企業の理解・認識不足である理由が上位を占めている。次いで，「就学中の本業に与える影響が大きい」（30％），「費用負担ができる余裕がない」（26％），とされている（工業市場研究所，2017）。

　企業は社員が国内外の経営系専門職大学院／経営系大学院で学ぶことについ
て，快くは思わない。日本企業の組織の中で，経営系専門職大学院／経営系大
学院で学習することは，少なくとも本人の強い意志や直属の上司の理解がない
限り，周りからは白い目で見られることを覚悟する必要がある。

　以上のような調査がある反面，「（海外の）MBA への派遣は期待した成果を
あげていますか」という質問に対して企業は，「期待通りである」（74％），「期
待を上回っている」（21％），「期待を下回っている」（3％）という調査結果もあ
る（慶應義塾大学大学院経営管理研究科，2009：52）。この調査は，慶應義塾大学
ビジネススクールへの派遣を実施している企業が調査対象の中心であるため，
海外 MBA 派遣に対する認識も積極的である。

⑹　退職対策

　帰国後に MBA ホルダーが退職してしまうという問題は，企業にとって最も
重要な課題であった（金，2002）。この傾向は，現在でも続いているのだろうか。

　［企業調査］において，2000 年以降の退職率（2000 年以降の派遣者数の中での
退職率）は，「10〜20％」（3 社）が最も多く，次いで，「50〜60％」「100％」（各 1
社）であった（資料 1：問 14⑵）。退職者の主な退職時期は，「帰国後 1〜2 年」「帰
国後 3〜4 年」「帰国後 5 年以降」（各 3 社）であった（資料 1：問 14⑷）。退職者
のその後の主な方向は，「日本企業への転職」（5 社），「外資系企業への転職」（1
社）である（資料 1：問 14⑶）。退職する MBA ホルダーは，帰国後の早い時期（1
〜2 年）から，1〜2 割程度は存在する。なかでも退職者の比率は，0％から 100
％まで幅広い。

　退職者について企業は，「優秀社員の損失」「派遣コストの損失」（各「ややそ
の通り」「その通り」の合計 6 社）と考えており，次いで，「派遣者がでるのは仕
方がない」（「ややその通り」5 社），「退職者がでても派遣を継続することに意味
がある」（「ややその通り」3 社），続けて，「企業のイメージダウン」「退職者が
でるため派遣を中止したい」（各「ややその通り」1 社）と考えている（資料 1：問
15）。

MBA ホルダーの退職者がでる比率も，退職に対する企業の認識も，現在で
は多様化する傾向にある。例えば，退職者の比率が高い企業であっても，制度
の誘因目的を重視するのであれば，「派遣コストの損失」「退職者がでるのは仕
方がない」「退職者がでても派遣を継続することに意味がある」と考える。逆に，
人材の育成目的を重視するのであれば，「優秀人材の損失」「退職者がでるため
派遣を中止したい」と考えている。

　「公募によって選抜された社員を派遣するため，退職者がでるのは仕方がない」
という［企業調査］からの意見がある。派遣者の選抜方法が公募である限り，
企業が育成したい社員を選抜するのは難しいため，企業は公募で選ばれた
MBA ホルダーの帰国後の処遇を工夫することは少なくなる。しかし，帰国後
の処遇に不満を募らせやすい MBA ホルダーは，そのまま退職へとつながりや
すい。逆に，退職者がほとんどでない企業では，人材の育成目的を重視するた
め，職務だけでなく，給与や昇進を含めた帰国後の処遇に対する工夫がある。

　退職した MBA ホルダーの帰国後の派遣コストの返還義務は，「返還義務（5
年以内の退職）」（3 社）が最も多く，次いで，「返還義務（3 年以内の退職）」「返還
義務はない」（各 1 社）である（資料 1：問 14（5））。また，「（他社では）MBA 取得
後に退社する者がいると聞いている。対策の促進が必要（製薬）」「MBA 取得
者で退職するものが散見されるため，帰国後一定期間以内で退職した場合には
留学費用を一部返還させている（電気機器）」という企業の意見もある（海外職
業訓練協会，2004）。

　［MBA 調査］において日本企業から退職経験のある MBA ホルダーは，「MBA
ホルダーが帰国後に派遣先企業を辞めるのであれば，派遣コストを返還してで
も，可能な限り早く辞めている。自分もそうだし，同じ企業の中で退職した
MBA ホルダーもそうだった。企業が意識する以上に，派遣で育成した MBA
ホルダーの多くが辞めている。派遣コストの返還期間など待ってはいられない」
という。さらには，「派遣者は，海外に派遣される以前から，漠然とした退職
意識を持っている。それが試されるのが，帰国後の派遣者を企業がどのように
扱うかという現実に直面する時だ。その時まで，実際に退職するのを待つ派遣

者は少なくない。しかし，帰国後の処遇に失望すると，即退職という結果につながりやすい」という意見もある。

　[企業調査]において，退職した MBA ホルダーの退職理由（企業が観察している範囲）について尋ねたところ，「企業内に自分がしたい仕事がない」（「ややその通り」5 社），「修得したスキルが生かせない」「企業の自分に対する評価が低い」（各「ややその通り」「全くその通り」の合計 3 社），「処遇に不満」（「ややその通り」2 社）」という回答であった（資料 1：問 14(1)）。

　[企業調査]からは，「帰国後の MBA ホルダーには，企業内で 3 年くらいは我慢してもらう必要がある」「帰国直後の退職者に，すぐに適切な仕事が社内で見つからない」という意見がある。制度の問題点として，「帰国後に退職者がでる」（「ややその通り」「全くその通り」の合計 3 社）と考える企業は比較的少なく，「有効な退職対策がみあたらない」（「ややその通り」「全くその通り」の合計 2 社）ともあまり考えない（資料 1：問 16）。今後の制度の方向として，「退職対策の強化」（「ややその通り」1 社）を考えてはいない（資料 1：問 17）。

　MBA ホルダーの帰国後の退職問題について，企業はそれほど重視していない。制度の選抜方法が公募であり，派遣目的である制度の誘因目的の成果がある程度達成されていれば，退職者がでるのは仕方がないと割り切っている。MBAホルダーの帰国後の退職問題を重視するのであれば，企業はすでに制度を廃止してしまっているのである。

3. 海外 MBA 派遣をしない企業の実態

　海外 MBA 派遣制度を実施するのは，少数の企業であるため，制度を実施しない企業の意識も探っている。なかでも，過去に実施していた企業が制度を廃止した理由を探ることは，制度の課題や問題点を解明することにつながる。

　制度を実施しているのは，特別な理由のある企業だけか。制度を実施したいと考える企業は存在するか。その一方で，制度を新たに開始するには何が問題なのか。これらの問いを探ることで，制度の特徴がより鮮明になるだろう。

　［企業調査］において制度がないと回答があった 89 社のうち，回答が不明だった 7 社を除くと，「今後も派遣は行わない」(62 社)，「将来は派遣を行いたい」(13 社)，「過去に派遣していた」(7 社) という回答があった (資料 2：問 1)。すでに制度を廃止したという企業が 7 社も存在することは，注目するに値する。何が制度の継続と廃止を決める要因なのか。以下では企業が，① 制度を実施しない理由，② 制度を実施したい理由，③ 制度を廃止した理由，について考察する。

⑴　海外 MBA 派遣をしない理由

　海外 MBA 派遣制度を実施しない企業 (89 社) を対象に，［企業調査］において，派遣をしない理由に関する調査を行った結果，図表 3-1 に示すように，①「派遣コストが高いため」(「ややその通り」「全くその通り」の合計 62%)，②「過去に派遣した経験がないため」(「ややその通り」「全くその通り」の合計 58%)，③「多くの社員を派遣できないため」(「ややその通り」「全くその通り」の合計 55%)，次いで，④「社内に MBA 人材を必要としていない」(「ややその通り」「全くその通り」の合計 47%)，⑤「派遣期間が長いため」(「ややその通り」「全くその通り」の合計 43%)，という理由があげられていた (資料 2：問 2)。

図表 3-1　海外 MBA 派遣をしない理由

理由	全く違う	違う	どちらともいえない	ややその通り	全くその通り
派遣コストが高いため	6	5	27	35	27
派遣期間が長いため	7	18	32	25	18
多くの社員を派遣できないため	10	14	21	33	22
社内に MBA 人材を必要としていない	13	15	25	23	24
派遣できない社員のモチベーションが下がるため	25	34	38	3	0
派遣後に退職者がでるため	14	19	53	10	5
MBA よりもエグゼクティブ MBA（管理者向け短期ビジネススクール）に関心があるため	14	19	48	18	
将来の経営幹部の育成には役立たないため	16	24	45	13	1
将来のグローバルマネジャーの育成には役立たないため	18	26	50	5	1
入社後取得の大学院の評価はしないため	20	33	33	11	2
過去に派遣した経験がないため	10	7	25	32	26

■ 全く違う　■ 違う　■ どちらともいえない　■ ややその通り　■ 全くその通り

注：資料 2：問 2．［企業調査］（n = 89）。
（出所）筆者作成。

　制度の問題点として，制度を実施する企業からも，上述した制度を実施しない企業からの回答と同様に，①「派遣コストが高い」（「ややその通り」「全くその通り」の合計 5 社），②「多くの社員を派遣できない」（「ややその通り」「全くその通り」の合計 4 社），③「派遣期間が長い」（「ややその通り」「全くその通り」の合計 3 社），という回答が指摘されている（資料 1：問 16）。

　「社内に MBA 人材を必要としていない」という制度を実施しない企業の回答は（資料 2：問 2），制度を実施する企業の問題点としての「社内に MBA の活躍の場が少ない」（「ややその通り」「全くその通り」の合計 5 社）という回答と同じ意味である（資料 1：問 16）。MBA ホルダーの活用が難しいという制度の

問題点は，制度を実施する企業としない企業に共通する。

　「過去に派遣した経験がないため」という回答は，他社の制度内容がほとんど不明であるため，制度を新たに設計することは難しいと考えている。［企業調査］の後には，他社がどのように制度を運営しているか，その内容を知りたいという問い合わせがきた。制度の具体的な構成要素に関する調査・研究は少ないため，［企業調査］に参加してくれた企業でさえ，他社の情報ははほとんど不明なのである。

　社員 1 人を派遣するには，その間の給与も含めると，2,000 万円程度もかかる制度であるため（資料 1：問 9），コスト面での課題が，最も多くの企業に指摘されている。高いコストがかかるため，制度の開始についても慎重にならざるをえない。

　その一方，制度を実施しない理由として当てはまらないのが，①「派遣できない社員のモチベーションが下がるため」（「違う」「全く違う」の合計 59％），②「入社後取得の大学院の評価はしないため」（「違う」「全く違う」の合計 53％），③「将来のグローバル・マネジャーの育成には役立たないため」（「違う」「全く違う」の合計 44％），④「将来の経営幹部の育成には役立たないため」（「違う」「全く違う」の合計 40％），⑤「派遣後に退職者がでるため」「MBA よりもエグゼクティブ MBA（管理者向け短期ビジネススクール）に関心があるため」（各「違う」「全く違う」の合計 33％），という回答である（資料 2：問 2）。

　制度の育成目的である「将来のグローバル・マネジャーの育成」と「将来の経営幹部の育成」は，制度を実施しない理由にはあまり当てはまらない。「将来のグローバル・マネジャーの育成には役立たない」は，50％の企業が「どちらともいえない」と回答しており，「将来の経営幹部の育成には役立たない」についても，45％が「どちらともいえない」と回答している（資料 2：問 2）。

　制度を実施しない企業は，派遣によって将来のグローバル・マネジャーや経営幹部の育成ができるのか，疑問に思っている。派遣にかかるコストも高く，過去に派遣した経験もないため，企業が期待するグローバル・マネジャーや経営幹部の育成が本当にできるのか不明なのである。

制度を長期間継続してきた企業でさえ，多くの課題を抱えながら（資料 1 ：問 16），将来のグローバル・マネジャーや経営幹部の育成という人材の育成目的だけでなく，制度の誘因目的の効果も認識しながら，年間平均 1 ～2 人の少数派遣で継続してきている（資料 1 ：問 1 ，問 5 ⑷）。［企業調査］の後には，制度を実施する企業からでさえ，派遣をする理由が不明確なこと，今後はこの制度をどうしていけばよいか迷っているなどの疑問が聞かれた。制度を実施している企業は，明確な派遣目的や成果のもとに制度を継続してきたわけではない。［企業調査］において，長年続けてきた制度を簡単にやめてしまうのは難しいという意見もあった。制度を実施する企業は，今後は「派遣目的の明確化」（「ややその通り」5 社）をしたいと考えている（資料 1 ：問 17）。

　続いて，制度を実施しない企業は，海外 MBA 派遣制度の代わりに，どのような海外教育制度（国内のビジネススクールとエグゼクティブ MBA への派遣を含む）を実施しているのか。図表 3-2 に示すように，① 語学／海外トレーニー（36％），② 国内のエグゼクティブ MBA（管理者向け短期ビジネススクール）（25％），③

図表 3-2　海外教育制度の内容

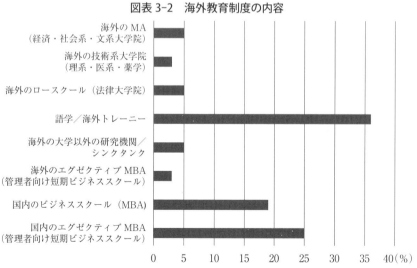

注：資料 2 ：問 4 。［企業調査］（n = 89）。
（出所）筆者作成。

国内のビジネススクール（MBA）（19%），④ 海外の MA（Master of Arts：経済・社会系・文系大学院），海外のロースクール（法律大学院），海外の大学以外の研究機関／シンクタンク（各5%），⑤ 海外の技術系大学院（理系・医系・薬学），海外のエグゼクティブ MBA（管理者向け短期ビジネススクール）（各3%），という回答であった（資料2：問4）。

　一方，制度を実施する企業（n＝7）の海外教育制度の内容は，① アメリカのビジネススクール（7社），② ヨーロッパのビジネススクール（4社），③ アジア諸国のビジネススクール，語学／海外トレーニー（各3社），④ ロースクール（法律大学院），⑤ 大学以外の研究機関／シンクタンク，国内のビジネススクール（MBA）（各2社），⑥ MA（経済・社会系・文系大学院），技術系大学院（理系・医系・薬学），海外のエグゼクティブ MBA（管理者向け短期ビジネススクール）（各1社），という回答であった（資料1：問18）。

　制度を実施する企業としない企業の海外教育制度を比較すると，制度を実施しない企業の海外教育制度は，語学／海外トレーニー，国内のエグゼクティブ MBA（管理者向け短期ビジネススクール），国内のビジネススクール（MBA）への派遣が中心である反面，制度を実施する企業の中心は，海外のビジネススクールへの派遣であり，国内と海外の両方のビジネススクールへの派遣をする企業も存在する。

　制度を実施しない企業にとって，海外のビジネススクールへの派遣に代わる制度が，語学／海外トレーニー，国内のエグゼクティブ MBA（管理者向け短期ビジネススクール），国内のビジネススクール（MBA）である。これらの制度は，多くの社員を短期間に，比較的安いコストで派遣することができる。

　なお，制度を実施しない企業には，海外の MBA プログラムへの短期派遣（1〜2週間）を実施する企業があった。その理由は，「長期だと費用の問題が大きく，職場から優秀な人材が長期間不在になることに対し，その部署からの反発が大きい」からだという。派遣者に対しては，「短期では急速な成長は求めにくいが，費用が安く，職場の理解も得られやすい」という。

　工業市場研究所（2017）による調査では，海外の経営系大学院への「学位の

取得ではない短期コースなどのプログラムに定期的に派遣してる」企業は6社存在した。また，MBA学位を取得させると退職しやすいため，あえて学位を取得させないで，派遣者を帰国させる企業が存在することも，［企業調査］から明らかになっている。

　慶應義塾大学大学院経営管理研究科（2009）による調査では，海外のビジネススクールへの派遣のみを実施している企業は16社（27%），国内のビジネススクールへの派遣のみを実施している企業は21社（36%），海外・国内のビジネススクールへの派遣を実施している企業は22社（37%）存在した。この調査では，海外のビジネススクールへの直近3年間の派遣実績（2004～7年度）が，減少傾向にあることも明らかにした。この調査後にはリーマンショックがあったため，制度を廃止する企業があった可能性がある。または，MBA学位の取得を目的としない短期の海外のMBAプログラムへの派遣に切り替えた企業もあっただろう。

　制度を実施しない企業における海外教育制度の中心は，コスト，派遣人数，派遣期間でのメリットが大きい語学／海外トレーニーである。そして，海外よりもコスト面でのメリットが大きい，国内のエグゼクティブMBAと国内のビジネススクールへの派遣である。

(2)　海外MBA派遣をしたい理由

　将来は制度を実施したいと考えている企業は，13社であった（資料2：問1）。それらの企業の回答は，以下のようである。

・企業をグローバル展開するためには，人材が多様で幅広い知識や価値観を持つことが必要である。外国人を採用するとともに，社員を他国で武者修行させることが重要である。国内のビジネススクールへも派遣するが，海外派遣は手続きを初め，ハードルが高い。
・企業派遣の目的は，将来の幹部候補を育成するためである。しかし，国内のビジネススクールへの派遣でも経営知識は修得できるので，海外へ派遣する

必要があるかは疑問である。

・あえて海外へ派遣するというよりも，MBA の派遣先として，国内と海外を含めて検討中である。

・組織が拡大していく中で，部門ごとにいわゆる「たこつぼ化」が発生してきている。内向き傾向にあると生産力を上げることが今後困難になると思われるため，将来への成長エンジン的な人材を育成したい。

「企業をグローバル展開するためには，人材が多様で幅広い知識や価値観を持つことが必要」「企業派遣の目的は，将来の幹部候補を育成するため」「将来への成長エンジン的な人材の育成」という人材の育成目的のために，制度を実施したいと企業は考えている。その反面，「国内のビジネススクールへの派遣でも経営知識は修得できるので，海外へ派遣する必要があるかは疑問である」「あえて海外へ派遣するというよりも，MBA の派遣先として，国内と海外を含めて検討中」と述べられているように，国内のビジネススクールへの派遣が，海外派遣の代替案として存在する現在では，海外のビジネススクールに派遣する意味や価値を，より明確にしなければならない。

制度を実施したいと考える企業には，例えば，図表 3-1 で示した派遣をしない理由として，派遣にかかるコスト，少数派遣，派遣経験がないなどの問題がクリアされれば，積極的に派遣をしてみたいと考える企業がある反面，派遣の成果が曖昧なため，制度の価値が不明確だという企業も存在する。

海外派遣を疑問に思う企業の場合，国内派遣をそれに代わる選択肢として考える。海外派遣するのであれば，制度の成果や効果を明確に認識しない限り，なかなか派遣するまでは至らない。

企業は制度の成果について，図表 3-1 に示すように，グローバル・マネジャーや経営幹部の育成にはあまり役立たないと考えるのではなく，成果がわかりにくいとの認識である。逆に，グローバル・マネジャーや経営幹部の育成という目的の成果や効果が確認できれば，制度を実施したいと考える企業は増加するだろう。

実際に派遣の成果を図るのは難しい。制度を実施している企業にとっても，帰国後の MBA ホルダーが，どのよう部署や職務で，どのように活躍しているかを正確に把握している事例は少ない。［企業調査］に参加して，初めて社内の MBA ホルダーの現状を調査したという企業が存在した。制度を実施しない企業は，制度を実施する企業での MBA ホルダーの企業内活用の実態を知ることによってしか，その成果を認識することはできないのである。

(3)　海外 MBA 派遣を廃止した理由

　制度を廃止したのは 7 社であった（資料 2：問 1）。その理由は，①「派遣コストが高いため」（「ややその通り」「全くその通り」の合計 5 社），②「社内に MBA 人材を必要としていない」（「ややその通り」4 社），③「派遣期間が長いため」「派遣後に退職者がでるため」「MBA よりもエグゼクティブ MBA（管理者向け短期ビジネススクール）に関心があるため」（各「ややその通り」「全くその通り」の合計 3 社），であった。続いて，④「多くの社員を派遣できないため」「派遣できない社員のモチベーションが下がるため」（各「ややその通り」「全くその通り」の合計 2 社），とされている。逆に，「過去に派遣した経験がないため」（「違う」「全く違う」の合計 6 社）という理由は少ない（資料 2：問 3）。制度を廃止した企業の回答は，以下のようである。

・派遣コストが高く，多くの従業員を派遣できないため。
・海外 MBA に派遣しなくても，国内の大学院などへの派遣で十分な能力が得られるため。
・社員のニーズが多様化してきたため，海外 MBA への派遣も検討したが，やめることになった。

　制度が廃止された一番の理由は，高いコストである。それは，制度を実施しない企業，制度を実施したい企業，制度を廃止した企業が，1 番目にあげる理由である（資料 2：問 2，3）。加えて，制度を実施する企業の 1 番目の問題点で

あるとともに，MBA ホルダーの退職について，制度を実施する企業は「派遣コストの損失」であると考えていた（資料 1：問 15，16）。

制度を実施する企業は，毎年 1～2 人程度しか派遣しないとしても（資料 1：問 5(4)），制度運営と派遣者にかかるコストの合計は，派遣人数の少なさに対する費用対効果が低いと考えている。そのため，国内のビジネススクールやエグゼクティブ MBA への派遣へと切り替える，または，多くの社員の派遣が可能な語学／海外トレーニーへの派遣の方が，費用対効果が高いと考えている。

制度運営と派遣者にかかるコストの合計額に対し，人材の育成目的だけを考慮するのであれば，毎年 1～2 人程度の人材育成しかできないため（資料 1：問 5(4)），必然的にコストは高いと考える。しかし，若手社員を対象とする制度の誘因目的も考慮すると，決して高いとは言い切れない。社員に対する報酬的役割，MBA 学位を取得したい社員の退職防止，入社希望者に対する制度のアピールはもちろんのこと，海外教育制度の花形として，その中心に位置してきた。この制度の存在意義は，決して小さくはない。

海外の MA（経済・社会系・文系大学院），海外の技術系大学院（理系・医系・薬学），海外のロースクール（法律大学院）への派遣など，多様な海外派遣制度が存在する中で，派遣希望者が最も多く，1950 年代という古くから，その中心を担ってきたのである。

2000 年以降は，派遣にかかるコストが安く，多くの社員の派遣を可能にする国内 MBA 派遣や，国内エグゼクティブ MBA 派遣という選択肢がでてきた。新しい選択肢を検討する際には，この制度の見直しをする必要がある。人材の育成目的だけを念頭に置いて，制度の成果を検討するのであれば，制度を廃止してしまう可能性は高い。それだけでは，コストが高いと考えやすいのである。制度を実施する企業は，人材の育成目的だけでなく，制度の誘因目的も重視する（資料 1：問 1）。

制度を廃止した企業と実施する企業に共通するのは，コストが高いという点である（資料 1：問 16，資料 2：問 3）。しかし，制度を廃止した企業では，社内に MBA 人材は必要がないとの結論に至っている。その反面，制度を実施する

企業は，制度の誘因目的が，人材の育成目的で成し遂げられなかった成果の不足分を補ってくれるため，派遣を廃止するという決断までには至っていない。

　派遣期間が長いことや，帰国後に退職者がでることも，制度を廃止した企業と実施する企業に共通する課題であった（資料1：問16，資料2：問3）。双方の企業に共通する課題は多いが，人材の育成目的の成果に対する企業の認識が異なることが，制度の廃止を決定した要因の一つである。制度を廃止した企業の多くが，その代替案として選択したのが国内MBA派遣制度であった（資料2：問4）。

　［MBA調査］においてMBAに対する調査経験がある企業からは，「企業が海外の経営系大学院への派遣をやめた一番の理由は，退職者がでるからだと会社側から聞いている」という意見があった。退職者がでるという課題も，制度を廃止した要因の一つである。

　例えば，「派遣はしていない状況です。休職して勉強する社員はいますが，その後の動向を見ると，転進される方が多い。つまり，休職明けで，そのまま『サヨナラ』というパターンが多いのです。したがって，現在は社内でMBA相当の研修プログラムを組んで対応しています（リコー）」（慶應義塾大学大学院経営管理研究科，2009：74-75）という企業の意見がある。

　「20年くらい前に，毎年10人くらいアメリカやイギリスのビジネススクールに社員を派遣していました。当時は『とにかく若い社員に海外を経験させろ』ということで派遣しましたが，結果的にはその半数くらいが辞めてしまいました。問題の一つは，あまりにも若い段階で行かせてしまったことにあると思います。やはり，入社して10年くらい，職場で頼られる存在になるまで働いてもらい，社内の人間関係を把握して，十分にコミュニケーションがとれるようになってから行かせるべきでした。もう一つの問題として，派遣後のキャリアのミスマッチがあげられます（花王）」（慶應義塾大学大学院経営管理研究科，2009：76-77）という意見もあった。

　制度を廃止した企業に共通しているのは，人材の育成目的だけに注目した結果，帰国後に退職者がでるという課題を重視する傾向である。その反面，制度

を実施する企業は，ある程度の退職者がでても仕方がないと考えている（資料1：問15）。帰国後のMBAホルダーの半数以上が退職してしまった，または全員が退職してしまった後でも，企業は制度を継続していることが，［企業調査］と［MBA調査］から明らかになっている。このような企業は，通常，制度を廃止すると思われるが，制度を継続する理由の一つが制度の誘因目的であるため，制度を継続させていくのである。

制度を廃止した企業には，人材の育成目的の成果ばかりに注目してしまい，制度の誘因目的の存在に気付かなかった，または，制度の誘因目的は重要でないと判断した結果，廃止に至ったケースもある。過去には，社長が交代して，新しい社長が制度の必要性がないと判断したケースもある。その反面，社長の意向が海外志向であったため，一旦廃止した制度を再生したケースもある。

高いコストに見合った成果や効果を制度に求めるならば，人材の育成目的と制度の誘因目的の両方の成果を考慮する場合にのみ，企業は納得をしながら制度を継続することができる。一方の派遣目的の成果や効果だけを追い求めても，コストが高い，MBAホルダーの退職者がでる，派遣の成果や効果が曖昧であるなどの結論に至りやすい。その結果，制度を廃止するのである。

4. アメリカのオンライン MBA の動向

(1) オンライン MBA の調査方法

　2000 年に入ってからのアメリカのビジネススクールの新しい動向の一つが，オンライン MBA の普及である。オンライン MBA とは，ウェブ上の授業で単位を取得するだけで，キャンパスに通学することなく，MBA 学位を取得できる教育システムのことである。

　世界のオンライン経営大学院（MBA を含む）の入学希望者の動向は，2008 年に入学希望者数がピークに達して以降，2013 年以降のオンライン経営大学院（MBA を含む）市場はすでに成熟した。2016 年以降は，入学希望者数が穏やかに減少している。世界的に経営大学院（MBA を含む）への入学希望者数の減少傾向は，オンラインだけに限らず，フルタイム，パートタイム，フレキシブル（通学とオンラインのミックス），エグゼクティブの全てのプログラムに共通する傾向である（GMAC，2018a：20）。

　オンライン経営大学院（MBA を含む）への世界からの入学希望者が期待する卒業後のキャリア・ゴールは，① 昇給（67％），② 昇進（51％），③ 人材管理（50％），であった（GMAC，2018b：39）。この傾向は，フルタイムとパートタイムへの入学希望者のキャリア・ゴールと比較して，昇給・昇進に対する意欲が強い点で異なっている。オンライン経営大学院（MBA を含む）への入学希望者は，MBA 学位及びビジネス関連の学位を取得するという明確な目標のもと，目に見えやすい昇給・昇進を重視することから，年齢が比較的高い人々，ビジネス以外の専門を持つ人々，または女性の受講者が多い。

　アメリカのオンライン MBA は，通常のフルタイムやパートタイムの MBA 学位とは形態や特性が異なるため，調査を行うにあたり，調査対象となるビジネススクールを選択する作業が必要であった。そのため，アメリカのビジネス

関連のプログラムの概要を整理し，アメリカのビジネススクールの区分を行った。アメリカのオンライン MBA に関する調査を最初に実施したのは 2011〜2012 年であったため，上記の作業も，調査当時（2010 年と 2012 年の資料を使用）のものである。その上で，調査対象であるオンライン MBA を開設しているビジネススクールの選択方法と調査方法を説明する。

① アメリカのビジネス関連のプログラム

　アメリカのビジネス関連のプログラムを整理するにあたり，AACSB（The Association to Advance Collegiate Schools of Business）による学位の分類を参考にした。AACSB とは，1916 年にアメリカで創設された，世界で最も古いビジネススクールの国際認証機関である。

　AACSB（AACSB International, 2012）[1] によると，ビジネス関連のプログラムの学位は，学部から博士まで 8 種類に分類されている。それらは，Undergraduate-Level Certificate, Undergraduate Degree, Graduate-Level Certificate, General Integrated Master's Degree, Specialized Integrated Master's Degree, General Master's Degree（MBA）, Specialized Master's Degree, Doctoral Degree である。

　MBA 学位は大学院レベルに位置し，その学位は一般に，General Master's Degree（MBA）に含まれる。その学位を発行するプログラムは，全米で 453 学科存在する。MBA の学位ではないが，大学院で Specialized Master's Degree を発行するプログラムは 308 学科，Graduate-Level Certificate の学位を発行するプログラムは，37 学科存在する。これらの学位を発行する学科数の合計は，798 学科である。

　ビジネス関連の修士号や MBA 学位を含む学部と修士の両方の学位が短期間で取得できる General Integrated Master's Degree（通常 5 年）を発行するプログラムの 11 学科，学士号と修士号の両方の学位が短期間で取得することができる Specialized Integrated Master's Degree を発行するプログラムの 12 学科の両方の学科を，上記の 798 学科に加えると，合計で 821 学科になる。

学部レベルの Business Degree Program は，Undergraduate Degree の学位を発行するプログラムが 484 学科，Undergraduate-Level Certificate の学位を発行するプログラムが 17 学科で，合計 501 学科存在する。調査に参加した AACSB の会員が 506 校であることから，ほとんどの大学は学部にビジネス学科を開設していることになり，ビジネス関連の修士号として，最も多く発行される学位が，General Master's Degree（MBA 学位を発行するプログラムは 453 学科）であることがわかる。

ビジネス関連の修士課程のパートタイムとフルタイムの形態については，MBA プログラムはフルタイム（46.9％）よりもパートタイム（53.1％）が多い反面，Specialized Master's（Degree）のプログラムでは，フルタイム（66.6％）よりもパートタイム（33.4％）が少ないのが特徴である。

以上のことから，AACSB の会員だけに限定された調査では，アメリカで MBA プログラムを開設する大学は 500 校程度，Specialized Master's Degree を発行するプログラムも含めると，800 校程度存在することが明らかになった。

② アメリカのビジネススクールの区分

アメリカのビジネススクールは，学生獲得に影響を及ぼすランキングの順位に敏感である。ビジネススクールのランキングで有名な『ビジネスウィーク』（*Bloomberg Businessweek*, 'The Best U.S. Business Schools 2010'）の情報から，アメリカのビジネススクールを区分する。

トップ 1〜10 位までのビジネススクールの学生数の平均は 998.9 人，そのうち留学生の比率は 32.1％である。合格率（入学願書を提出した人のうちの入学許可を得られる人の割合）は 16.3％，学費（州立の場合はレジデント）は 1 年間で 101,424.4 ドルである。卒業生の初任給（年俸）は，108,572 ドルであった。

次いで，トップ 11〜20 位までのビジネススクールは，学生数の平均は 522.1 人，そのうち留学生の比率は 30％である。合格率は 29％，学費は 76,218.1 ドルである。卒業生の初任給（年俸）は，94,220.5 ドルであった。トップ 21〜30 までのビジネススクールは，学生数の平均は 302.1 人，そのうちの留学生の比

率は24％であった。合格率は28.6％，学費は68,489.3ドルである。卒業生の初任給（年俸）は，90,940ドルであった。

　上述したトップ30位以外のビジネススクールにも，Second Tier（26校），Not-Ranked U.S.（19校），Not Considered for Ranking U.S.（101校）というビジネススクールが存在する。このランクのビジネススクールになると，学費がトップレベルのビジネススクールと同等に高い大学から，1万ドル以下の大学，留学生の比率も0％から95％までと幅が広い。

　例えば，トップ30位以外のビジネススクールの卒業生の初任給（年俸）を比較すると，ボールステート大学が約3万6千ドル，サウスダコタ大学が約4万7千ドルと，トップ30位以内のビジネススクールと比較してかなり低い。その反面，トップ30位以外のビジネススクールの合格率は，34～90％と入学しやすい。

　ランキングに掲載されることはほとんどないが，アメリカには地域に密着している多数のビジネススクールが存在する。アメリカにはビジネススクールが800校程度は存在すると考えると，計算式は，「800校－トップ30校－Second Tier（26校）－Not Ranked U.S.（19校）－Not Considered for Ranking U.S.（101校）」で，地域密着型のビジネススクールは620校程度になる。

　そこで，『ビジネスウィーク』にランキングされていない（ビジネススクール名だけが記載されている）Not Considered for Ranking U.S.（101校）に属するビジネススクールを「ミドルスクール」，どのランキングにも記載されていない地域密着型のビジネススクール（620校程度）を，「草の根スクール」と呼ぶ。ミドルスクールも草の根スクールも，ランキングされてないため，アメリカでも知名度は高くはない。草の根スクールになると，その大学が存在する地域を除いて，ほとんど知られていない。

③ 調査対象のビジネススクール

　オンラインMBAに関する調査では，ごく少数のアメリカのトップレベルのビジネススクールでなく，多数を占めるミドルスクールと草の根スクールの実

態を探ることが重要であった。そして調査対象のビジネススクールが存在する地域は，東海岸のニューイングランド地方に属するマサチューーセッツ州とニューハンプシャー州に限定した。なかでもマサチューーセッツ州は，20 世紀の初頭までアメリカ全体の公教育・公教育制度の発展を常にリードしてきたという。アメリカ教育の中心地とも言える州である。

　ニューイングランド地方という同じ背景を持つ 3 校のビジネススクールを調査対象とした。Endicott College, Van Loan School of Graduate and Professional Studies（エンディコット大学：マサチューーセッツ州），Southern New Hampshire University, Master of Business Administration（サウザン・ニューハンプシャー大学：ニューハンプシャー州），University of Massachusetts Amherst, Isenberg School of Management（マサチューーセッツ大学アマースト校：マサチューーセッツ州）の 3 校を訪問して，2011～2020 年の間に，教員，職員，学生に対するインタビュー調査を実施した。3 校は全てオンライン MBA を開設している。

　これら 3 校のビジネススクールの概要（ランキング，学費，学生数，プログラムの内容）（2012 年当時）は，図表 4-1 にまとめている。エンディコット大学のビジネススクール（キャンパス）は 2004 年に創設され，フルタイム（1 年間）の学費は 2 万 5 千ドル，パートタイム（1 年間）の学費は 2 万 1 千ドルであり，フルタイム 25 人とパートタイム 150 人の学生が在学する。入学するための GMAT（Graduate Management Admissions Test）の点数も，入学前の職務経験も必要がない。学生の平均年齢は 22～23 歳と若い。入学希望者の 90％程度は入学が可能であり，2012 年から MBA プログラムの中に専門コースを導入した。

　サウザン・ニューハンプシャー大学のビジネススクール（キャンパス）は，1932 年に会計スクールとして創設されたが，オンライン MBA は 2009 年に開設された。学費は，フルタイム，パートタイム，オンラインともに変わらず，3 万 8 千ドルである。在学生は，フルタイム，パートタイム，サテライト，オンラインの形態を自由に選択することができる。大学院全体では，フルタイム 1,723 人，パートタイム 1,470 人であるのに対し，オンライン MBA は 2,500 人

図表 4-1　調査対象ビジネススクールの概要（2012 年当時）

大学名 （区分）	ランキング	学費	学生数	プログラムの内容
エンディコット大学（Endicott College：草の根スクール）	*Boston Business Journal* 2010, 'Area's Largest MBA Programs'17 位（ホームページ）	フルタイム（1年間）：2万5千ドル，パートタイム（1年間）：2万1千ドル	フルタイム 25 人，パートタイム 150 人	・GMAT は必要ない。 ・入学前の職務経験は必要ない。 ・学生の平均年齢は 22〜23歳（20％は同大学の学部卒業生）。 ・入学希望者の 90％程度は入学可能。 ・ビジネススクールは 2004年に創設。 ・オンライン MBA は MBAプログラムの一部として開設。
サウザン・ニューハンプシャー大学（Southern New Hampshire University：草の根スクール）	*50 Most Innovative Companies*, First Company. Com, March 2012, Top 10 Education, 1 位, pp. 94-96（地域の雑誌）	フルタイム，パートタイム，オンライン（1年間）：3万8千ドル	フルタイム，パートタイム，オンライン，サテライトの授業を自由選択：フルタイム 1,723 人，パータイム 1,470人，オンラインMBA2,500 人	・GMAT は必要ない。 ・入学前の職務経験は必要ない。 ・入学希望者の 86％程度は入学可能。 ・オンライン MBA は，2009年に開設。
マサチューセッツ大学アマースト校（University of Massachusetts Amherst：ミドルスクール）	*US News*, Best Full-time MBA 2010（60 位），Best Part-time MBA, 59 位（ホームページ）	フルタイム（2年間），州内の学生：2万8千ドル，州外の学生（外国人を含む）：5万2千ドル，オンライン（1年間）2万8千ドル	フルタイム 70 人，パートタイム（オンラインまたはサテライト）1,220 人	・フルタイムの GMAT の平均は 643 点。 ・オンラインの GMAT の必要点数は 556 点。 ・フルタイムの学生の平均年齢は 29 歳。 ・フルタイムの学生の学部のGPA は 3.4。 ・フルタイムの学生の職務経験の平均年数は 5.5 年。 ・Dual Degree（MBA/MS，MBA/Masters），2 つの学位の取得が可能。 ・オンライン MBA は 1997年に開設。

（出所）筆者作成。

程度と学生数が多い。入学するのに GMAT の点数も入学前の職務経験も必要
がなく，入学希望者の 86％程度は入学が可能である点は，エンディコット大
学との類似点である。エンディコット大学とサウザン・ニューハンプシャー大
学とも，草の根スクールに属する。

　マサチューセッツ大学アマースト校のビジネススクール（キャンパス）は，学
費はフルタイムの学生（2 年間）の場合，州内の学生は 2 万 8 千ドル，州外の学
生（外国人を含む）は 5 万 2 千ドル，オンライン（1 年間）の場合は 2 万 8 千ドル
である。フルタイムの学生の場合，奨学金制度が用意されているため，すべて
の学費が奨学金で賄われる。そのため，フルタイムの学生数は 70 人と少なく，
パートタイム（オンラインまたはサテライト）の学生数は 1,220 人と多い。奨学
金のあるビジネススクールであるため，フルタイムの学生の GMAT の平均は
643 点と高く，オンラインの学生 GMAT の必要点数は 556 点である。フルタ
イムの学生の平均年齢は 29 歳と高く，学生の学部の成績の GPA は 3.4，職務
経験の平均年数は 5.5 年と長い。

　プログラムで特徴的なのは，MBA と MS（Master of Science），MBA と Mas-
ters（修士号）のダブルディグリーを取得するのが可能なことである。フルタイ
ムのプログラムは，2000 年以降，奨学金制度が中心のプログラムへ改革された。
オンライン MBA の導入は，1997 年からである。この大学は，草の根スクー
ルとは異なり，規模が大きく，入学に際しても簡単ではないため，ミドルスク
ールに属する。

　2011〜2020 年の訪問調査によって，上記 3 校のオンライン MBA の動向を
探っている。すでにピークは過ぎたアメリカのオンライン MBA 市場であるが，
初期の訪問調査（2011〜2012 年）からは，アメリカの大学でのオンライン教育
が発展する姿が見受けられる。当時は，3 校全てで急速な学生数の増加により，
拡大している最中であった。急速に発展していたサウザン・ニューハンプシャ
ー大学，最小限の投資と資源で最大の利益を確保していたエンディコット大学，
古い歴史とプログラムの高い質を誇っていたマサチューセッツ大学アマースト
校のオンライン MBA の実態について，以下で紹介する。サウザン・ニューハ

ンプシャー大学とマサチューセッツ大学アマースト校については，2019～2020年に追跡調査を行っている。

⑵　オンライン MBA の実態：2011～2012 年

　2011 年のサウザン・ニューハンプシャー大学への訪問調査の時，オンライン教育を開設した責任者（CEO），キャンパスのビジネススクールの教員 2 人，キャンパスのビジネススクールのディーン，大学の職員 2 人，キャンパスのビジネススクールの学生（オンライン MBA も受講していた）2 人に話を伺った。

　サウザン・ニューハンプシャー大学では，2009 年に開設したオンライン教育の利益率と学生数が，2009 年の開設当初から，毎年約 2 倍の増加率であった。オンライン教育全体の中でも，MBA プログラムの人気は高く，世界中から教員と学生を集めていた。オンライン教育とキャンパスで教える教員の雇用条件は異なっており，オンライン教育で教える教員は修士号を必要とするが，キャンパスで教える教員は博士号を必要としていた。この大学は全米でも，オンライン教育の発展が早いことで有名であった。[2]

　オンライン教育の運営場所は，キャンパスとは別の場所に設置されていた。オンライン教育を運営していた責任者（CEO）は，2009 年にオンライン教育を開設するために，オンライン教育関連の営利企業からヘッドハントされた人材である。オンライン教育で得られた利益の大部分は，キャンパスでの運営費として使用されており，新しい校舎の建設や，学生の奨学金として利用されていた。ニューハンプシャー州の外部に，すでに 5 か所ものオンライン教育センターを開設しており，海外のマレーシアにも，オンライン教育センターを開設したばかりであった。

　大学に大規模なオンライン教育が存在するため，キャンパスの大学への入学希望者数が増加していた。オンライン教育を開始してから，キャンパスのビジネススクールへの入学希望者も毎年増加していた。その理由は，オンライン教育は通学費や教材面で安く済むため，学費を節約したい学生にとって魅力的な手段だからである。オンライン教育を受講する学生は，科目で使用する教科書

をダウンロードする場合は費用がかかるが，教科書を閲覧するだけであれば無料である。

オンライン教育での利益が，大学のキャンパスに還元されることさえ除けば，全米をターゲットにした頻繁なテレビ・雑誌広告のマーケティング手法を活用するなど，営利企業のような利潤追求を第一目的とした経営戦略が見受けられた。この調査の後，オンライン教育の責任者（CEO）は大学を辞めて，企業向けのオンライン教育の会社を起業していた。

次いで，エンディコット大学への訪問時は，ビジネススクール（オンラインMBA を含む）を創設した責任者，ビジネススクールのパートタイムの教員 1 人，ビジネススクールの学生 1 人に話を伺った。エンディコット大学のキャンパスのビジネススクールの特徴は，図表 4-1 に示した通り，フルタイム（1 年間）で2 万 5 千ドル，パートタイム（1 年間）で 2 万 1 千ドルという，私立大学の中では安い学費であった。ビジネススクールで教える教員全員が，パートタイムでの雇用形態であるため，教員が 1 年間に 1 科目を教えるのに，3 万ドルしか支払われていなかった。

ビジネススクールが創設された場所は，大学のキャンパス内で学生寮として使用していた建物を改築し，最低限の人数のフルタイムの職員だけを雇用していた。ビジネススクールは学部から独立して運営されているが，2004 年の創設以降，ずっと黒字であった。

大学院のプログラムの中でも，MBA プログラムは最も人気が高く，大学に最も高い利益を還元していた。この大学は歴史が古く，地域での知名度が高いため，特別なマーケティングをしなくても，自然と入学希望者は集まっていた。

2011 年の訪問時には，オンライン MBA は独立して運営されてはおらず，キャンパスの MBA プログラムの一環として運営されていた。学生はキャンパスでの授業を受けながら，オンライン MBA も受講することができる。この後，オンライン MBA はキャンパスから独立して運営されるようになり，キャンパスとは別に，ボストンにオンライン MBA センターが開設されるほどに発展していた。その一方で，オンライン MBA の運営に対して，最低のコストしかか

けないという戦略は，一貫して貫かれていた。

　なお，この大学のオンライン MBA の開設者は，当時の調査後に退職したため，この大学へのインタビュー調査は，この時だけになってしまった。開設者以外のビジネススクールの教員は，全員がパートタイムであったため，この大学の内情を良く知る人物は，彼以外に存在していなかった。

　2012 年のマサチューセッツ大学アマースト校への訪問時は，教員 1 人，職員 2 人，フルタイムの学生 3 人，オンライン MBA の卒業生 1 人に話を伺った。大学のオンライン MBA は，1997 年に開設されていた。この大学のオンライン教育の中でも，オンライン MBA を受講する学生数が増加していたため，大学はその後の発展を期待していた。

　この大学のオンライン MBA の特徴は，キャンパスで教える教員が，オンライン MBA の教員も兼任していることである。授業の質の維持を最も重視しており，この点が，オンライン MBA を成功に導いたと考えている。オンライン MBA に入学する際には，GMAT の点数（556 点）を必要とするが，この点数は，学生がオンライン MBA を成功させるためのカギだと考えていた。

　オンライン MBA からの授業料による高い利益が，キャンパスのフルタイムの MBA 学生 70 人の奨学金を賄っている。奨学金制度によって，アイビーリーグの大学に入学するような優秀な学生をキャンパスに集められるため，MBA プログラムの質を高めている。キャンパスでの学生の高い質と，オンライン MBA での教員の高い質を守ることが，この大学のビジネススクールの重要な戦略であった。

⑶　オンライン MBA の実態：2019〜2020 年

　2011 年にサウザン・ニューハンプシャー大学でインタビューを行った同じ教員に対し，2019 年に，再び訪問調査を行った。マサチューセッツ大学アマースト校に対しては，オンライン MBA の責任者（アシスタント・ディーン）と職員 1 人に対し，2019〜2020 年に，再び訪問調査を行った。

　2011 年の調査時点で，最も急速に発展していたサウザン・ニューハンプシ

ャー大学のオンライン教育は，その後も安定的な成長を続けていた。成長速度は，2011 年の調査時点ほどではないが，オンライン教育に対する毎年の多大な投資と，それによる規模の拡大で，競争が激しいオンライン教育の大学間の中でも，安定的な地位を築いていた。

　近年では，サウザン・ニューハンプシャー大学周辺の小さな私立大学から，オンライン MBA を開設したいとの相談を受けることが多くなっていた。しかし小さな私立大学が，オンライン MBA を創設するには，5 年程度も参入の時期が遅く，最初の投資が少ない点で，成功する可能性はほとんどないという。例えば，周辺の私立大学が雇用している IT 環境のためのエンジニアの人数は，1 校平均 3 人ほどだが，この大学ではオンライン教育だけのためのエンジニアが 250 人も存在する。さらに，授業で教えることはせず，オンライン教育専門の科目とその内容を設計する教員が，200 名も存在する。

　サウザン・ニューハンプシャー大学のような，比較的小規模な私立大学がオンライン教育に熱心な理由は，アメリカでは子供の数が増加しておらず，キャンパスの学生数の減少から，経営の危機に瀕している小規模な私立大学が少なくないからである。安定的に成長を続けているオンライン教育に投資するしか，小規模な私立大学が生き延びる方法はほとんどないのである。

　この大学でも，全米でのテレビやインターネット広告の増加，オンライン教育に従事する職員・教員・投資額の増員・増加など，可能な限りの対策を実施している。この大学のオンライン教育が成功した要因は，他大学が開始するよりも 5 年程度早めに開設し，その当時から多大な投資を行い，大学外部からオンライン専門の責任者（CEO）を雇ったためだと考えている。

　キャンパスで MBA 学位を取得しても，オンライン MBA で取得しても，卒業証書に学位の区分に関する記述がないことは，学生に人気が高い。企業は，この大学のビジネススクールを卒業した学生に，オンラインかキャンパスかのどちらで MBA 学位を取得したのか尋ねるケースが多い。この大学はオンライン教育の規模が大きいため，オンライン教育専門の大学で，キャンパスがないと考える企業は少なくない。

オンライン MBA に精通している教員は,「オンライン教育は基本的に，28歳くらいの自己の管理能力に優れた大人の受けるもので，大学に入学する学生が受けるものではない。オンライン MBA を例えると，マクドナルドで提供される共通した食事のようなもので，学生個人にカスタマイズできるものではない。この点で，キャンパスでの教育とオンライン教育とは，別の教育だと考えている」という。さらには，「自分はボストン大学で博士学位を取得したが，2019 年からボストン大学は，オンライン MBA を開設した。この大学での経験から，ボストン大学のオンライン MBA は，それほどうまくはいかないだろう。すでに参入時期が遅く，競争が激しい大学間のオンライン教育の中を，どのように生き延びていくのか疑問である。我々の大学を含むアメリカの小規模な私立大学は，今後は倒産の危機に直面することが予想される。規模が大きいとはいえ，ボストン大学でさえ中堅の私立大学でしかない」という。

　今後，この大学が最も強敵だと考えるのは，規模が大きいフェニックス大学などのオンライン教育専門の大学ではなく，アマゾンなどの IT 企業が，オンライン教育を開設する可能性であるという。例えば，アマゾンほどの規模が大きい企業であれば，この大学の規模程度のオンライン教育を買い上げて，アマゾン大学を開設することが可能である。そのため，「今後 5 年後に，この大学のオンライン MBA が継続しているかは，誰もわからない」という。

　次いで，マサチューセッツ大学アマースト校のオンライン MBA は，アメリカのオンライン MBA のランキングで，第 1 位になっていた。[3] キャンパスのビジネススクールの校舎は，オンライン MBA からの利益により，数倍の規模に拡大していた。オンライン MBA のオフィスは，ビジネススクールのオフィスの中でも中心に位置していたことから，オンライン MBA を重視する大学の姿勢が見受けられた。

　アメリカのオンライン MBA 市場はすでにピークを迎え，大学間の競争が激化していた。それでもオンライン MBA からの継続的な高い利益がキャンパスに還元されるため，この大学のビジネススクールの規模は，当時も拡大を続けていた。

この大学のオンライン MBA が縮小することはあり得ないが，過去のような急速な発展は，今後は見込めないだろうと考えていた。オンライン MBA の責任者である彼女が中心になって，競争を勝ち抜くための戦略の精緻化と維持に努力していた。その戦略とは，2012 年の調査時と変わりなく，① MBA 学位以外の修士号を取得している高学歴の学生の維持と，② オンライン MBA は古い歴史があるため，地域での評価が高い，という 2 点を維持することである。この戦略を維持することが，難しくなっていた。

高学歴の学生を維持するために，オンラインで教えることのできる質の高い教員を確保することも難しい。ビジネススクールで教える教員が，オンライン MBA を兼務するだけでは教員数が足りなくなったため，質の良い教員の外部採用を重視していた。学生とのコミュニケーションを重視するという新たな授業方法を模索するオンライン MBA には，キャンパスで教える教員が兼任することを嫌がる傾向が強く，外部から採用した教員の向き不向きも問題であった。外部から雇用した後も，教員を解雇するケースは少なくない。質の高い教員を確保することは，オンライン MBA の生命線であり，彼女の最も重要な任務であった。

2012 年の調査時点では，キャンパスで教える教員がオンライン MBA を兼任することを奨励していたが，キャンパスで教える年配の教員が，オンライン MBA で教えることを好まない，または，その適性がないケースが増加していた。ビジネススクールのキャンパスで新たな教員を雇用する際には，オンライン MBA で教えることができるかを，採用の質問事項に加えており，オンライン教育への適性を見極めていた。

この大学のオンライン MBA で特徴的なのは，学生の 25％ 程度は外科医であり，彼らが主に受講するのが，ヘルスケア・マネジメントのコースであった。この大学のオンライン MBA の開設者が，医療機関との関係が強く，医療関係の学生が多く入学していた。オンライン MBA の開設時からヘルスケア・マネジメントのプログラムがあったことは，他大学との差別化に役立っていた。

今では大学間の激しい競争のため，全米をターゲットに，マーケティングに

力を入れている。大学にはオンライン教育専門のマーケティング・チームが存在するが，その規模は継続的に拡大していた。

この大学の競争相手は，オンライン MBA のランキングのトップ 10 以内の大学である。地理的には，近くに存在するサウザン・ニューハンプシャー大学のオンライン MBA は，学費が安く規模も大きいが，競争相手としては認識していない。この大学と比較して，学生と教員の質が低く，歴史も浅いからであった。

今後の課題は，オンライン MBA は 4 つのプログラムしか存在しないため，学生からの要望もあり，キャンパスにある全ての MBA プログラムをオンラインでも受講できるようにすることである。また当時は，全米への進出しか視野に入れていないが，アメリカでの競争が激しくなるにつれ，海外への進出も考えていた。そのためには，海外に進出しているアメリカの大学の質の低いオンライン MBA との差別化を図るため，高い質を保ちながらの海外での文化的・言語的・経済的な壁が高いという。

2012 年の調査時点では，オンライン MBA とキャンパスのフルタイムの MBA は区分して運営されていたが，2019 年の調査時点では，フルタイムの学生も 2 年目にはオンライン MBA を受講できるようになっていた。MBA 以外の学位を取得中の大学院の学生も，オンラインで MBA を受講できるようになっていたため，MBA 学位とのダブルディグリー制（2 つの修士号を取得すること）が可能になっていた。

この大学については，上述した調査の半年後（2020 年），オンライン MBA の責任者（アシスタント・ディーン）に対し，追加でインタビュー調査を行った。アメリカではオンライン教育に対する大学間の競争はさらに激化し，この大学も発展するのは難しい状態になっていた。オンライン教育界は，アメリカの経済が良い時には落ち込みやすいが，逆に経済が悪くなると，受講者が増える傾向にある。経済が弱い時こそ，オンライン教育はその力を発揮しやすい。経済が上下するときは，ほとんど変化がないという。

オンライン MBA を受講する人の特徴が，さらに顕著になっており，専門職

に就いている人か，キャリアを変えたい人のどちらかであった。彼らは全てホワイトカラーであり，ブルーカラーの人は受講にあまり関心がない。

　この大学は，オンライン MBA とキャンパスで受講できる MBA の両方が存在することが強みである。MBA コースのさらなる専門化を狙い，組織団体や企業と共同でオンライン MBA を開発していくことが，今後の方向である。大学外のパートナー（組織団体と企業）との連帯が重要であり，それによる学生数の増加を見込んでいる。この大学のオンライン MBA の学生の 25% 程度を外科医が占めている理由は，外科医の組織団体とこの大学のオンライン MBA が提携しているからであった。

　彼女は，「オンライン教育は基本的に，大人の生涯学習のためであって，若い人にはキャンパスとオンライン教育のミックスによる受講が好ましい」と話す。さらに，「私の長年の経験からして，体に障害があって大学に通えない人にとっては，オンライン教育は最高の教育ツールになっている」という。

　すでに多くの企業との提携を行っており，オンライン MBA の高い質と低いコストが企業に好まれていた。この点で，この大学のオンライン MBA は，アメリカの企業によく認知されている。この傾向も，今後は強化していくようだ。オンライン教育がディプロマミル（実際に就学せずとも，金銭と引き換えに高等教育の学位を授与する組織や大学のこと）であってはならないため，この大学の最大の戦略であるカリキュラムの質の維持には，最大の注意を払っていた。

　今後は，ピークを過ぎたアメリカのオンライン教育市場だけでなく，海外への進出（特にアジア地域）を試みたいが，そのためにはアメリカでの経験のように，海外の組織団体や企業とのパートナーシップでの海外進出が好ましいと考えていた。日本企業を含めた，海外でのパートナー探しが一つの課題である。

⑷　主要な解明事実

　アメリカには 800 校程度のビジネス関連の大学や機関が存在し，さらに多様なコースやプログラムが存在する。それらの大学を，トップスクール，草の根スクール，ミドルスクールに区分し，2011～2020 年に，草の根スクールとミ

ドルスクールに属する3校のビジネススクールへの訪問調査を実施した。そこから見えてきたのは，各大学のユニークで独特な戦略や動向であった。

　主要な解明事実として，① オンライン MBA 市場はすでにピークを過ぎたため，大学間の競争が激化している。② 2011～2012 年に調査した2校の大学のオンライン MBA は，2019～2020 年も順調に成長を続けていた，③ これら2校が成長してきた主な理由は，2011～2012 年の調査時点以前に，オンライン MBA 市場に参入したため，戦略が開設当初から明確であったこと，投資規模が大きかったこと，キャンパスの MBA プログラムとの相乗効果を上げていたことであった。

　第1に，2020 年頃のアメリカの MBA 市場は，すでに飽和状態にあり，フルタイム，パートタイム，フレキシブル，オンライン，エグゼクティブの全てのプログラムで，緩やかな入学希望者の減少が起きていた。2000 年以降に始まったアジア諸国やヨーロッパでのビジネススクールの創設ラッシュによる急激な増加は，国内のビジネススクールへの入学希望者を増加させ，それまで王道とされていたアメリカのビジネススクールへの入学希望者の一部を吸収する結果になった。

　MBA 学位はダブルディグリー及びセカンド・ディグリー（2番目に取得する修士号のこと）としての学位の機能や価値が高まり，そこにオンライン MBA が各大学に開設されたことで，MBA 市場は飽和状態に陥った。フルタイム，パートタイム，オンラインの受講形態は次第にミックスし，なかでもオンライン MBA は，誰でも受講することが可能になった。

　第2に，2011～2020 年までの調査期間，サウザン・ニューハンプシャー大学とマサチューセッツ大学アマースト校のオンライン MBA は，継続的に発展していた。全米のオンライン教育市場が伸び悩む中，大学の最も重要な収入源，及び安定的な発展が期待される数少ない教育プログラムの一つであった。オンライン MBA で得た利益は，大学内で得た他の利益よりも，自由にキャンパスの校舎の建設や学生の奨学金などに使用することができるため，貴重な収入源であった。

　第3に，サウザン・ニューハンプシャー大学とマサチューセッツ大学アマースト校の最も重要なオンライン MBA の発展理由は，開設当初からの戦略を忠実に守ってきたことによる。サウザン・ニューハンプシャー大学の戦略は，オンライン教育への参入が早かったことに加え，その規模の大きさと，毎年の多大な投資額であった。この点を現在でも守り続けているため，競争が激しいオンライン教育の中でも，安定的な地位を保っていた。それでも今後は，アマゾンなどの IT 企業の参入の可能性や，この大学も含めたアメリカの中小規模の私立大学でのキャンパスの大学運営が難しくなってきたため，オンライン教育をめぐる大学間の環境は，さらに厳しくなると考えている。

　マサチューセッツ大学アマースト校の開設当初からの戦略は，MBA 学位以外の修士号を取得している高学歴の学生の質と，オンライン MBA の地域での高い評価を維持することである。2020 年の調査時点では，この 2 点を守ることが難しくなっていた。学生の興味を引くために，継続的に MBA コースの拡大を行い，そのためには，外部からも質の高い教員を確保しなくてはならなった。

　以上のように，今後もオンライン MBA の発展が期待できるのは，① アメリカでオンライン教育の開設初期から参入している，② オンライン MBA の開設当初からの戦略が厳密に継続されている，③ 現在までも継続的に発展してきた経験を持つ，④ 多大な教育投資をオンライン教育に継続的に行える，一部の大学だけである。

　なお，アメリカの草の根スクール及びミドルスクールに属する地域密着型の中小規模のビジネススクールが，独自のユニークな戦略によって，アメリカの厳しいオンライン MBA 市場を生き抜いてきた動向は，毎年一定の学生を継続的に確保できている日本の少数のビジネススクール（「優良ビジネススクール」と呼ぶ：図表5-2参照）以外の，定員割れを起こしている多くのビジネススクール（「準限界ビジネススクール」「限界ビジネススクール」と呼ぶ：図表5-2参照）の生存や再生のための手掛かりを与えてくれるだろう。アメリカのミドルスクールと草の根スクールの方が，トップレベルのビジネススクールよりも，日本の

ビジネススクールとの共通点が多いからである。

注

1）AACSB International（2012）'Business School Data Trends and 2012 List of Ac-
 credited Schools', AACSB International.
2）*Bloomberg Businessweek*（2013）"A Little College That's a Giant Online",
 May13-19：22-23.
3）*Financial Times*（2017）'1st ranking in the United States and 3rd in the world
 （Online Business School Rankings 2017）'.

5. エグゼクティブ・アジア・国内 MBA 派遣

　アメリカ・ヨーロッパへの派遣が中心であった海外 MBA 派遣制度の新たな動向として，2000 年以降は，① エグゼクティブ MBA（学位取得と管理者向け短期ビジネススクール）への派遣，② アジア諸国のビジネススクールへの派遣，③ 国内 MBA 派遣制度，が見受けられるようになった。制度を実施する企業の派遣先の選択肢は広がったものの，その実態には不明な点も少なくない。制度の新たな動向について，以下で簡単に触れてみよう。

(1) エグゼクティブ MBA 派遣
① エグゼクティブ MBA の歴史

　アメリカでの企業内教育のスタートは，1872 年からのニューヨーク市ホー・アンド・カンパニー社（Hoe & Company）の工場技能学校（factory technical school）にあった（Morse, S. W., 1984：5-6；Eurich, N. P., Boyer, E. L., 1985：36-37；横尾，2013：100-101）。1880 年以降は徒弟制を代替する形で職工養成を目指し，熟練職種に関する実習や理論を享受することを目的とする教育機関（trade school）が設立された（横尾，2013：72-73）。

　全米産業教育振興協会（NSPIE：1906）や全米企業立学校協会（NACS：1913，現在の American Management Association）などの産業団体が創設され，企業内教育の促進が進んだ（Galagan, P. A., 1996；Dietz, J. W., 1999；根本，1998：5）。NACS の会議（1919 年）で，初めてエグゼクティブ研修（executive training）という言葉が使用されている（Eurich, N. P., Boyer, E. L., 1985：37；Dietz, J. W., 1999：22）。

　日本では 1950 年代前半に，米国式の監督者訓練（TWI：Training Within Industry）と管理者訓練（MTP：Management Training Program）が導入されたこ

とが，管理者の管理能力強化に大きな貢献を果たした。本格的な MBA 学位取得のビジネススクールの設置が遅れた日本の経営幹部養成を実質的にリードしたのは，民間教育訓練機関が実施する短期のビジネススクールであった。例えば，日本生産性本部が 1965 年から主催する経営アカデミー，日本能率協会が主催する JMA マネジメント・インスティチュート，野村マネジメント・スクール，貿易研修マネジメント・スクール，産能大マネジメント・スクールである。1980 年代後半になると，日本の経営幹部教育の傾向は，① ビジネススクール系大学院，② 民間教育機関系のビジネススクール，③ 企業内の経営幹部教育，の 3 種に分類されている（高橋，1996：68, 56, 68）。

　日本で一般にエグゼクティブ MBA と呼ぶものは，MBA 学位を取得する 1 ～2 年制のプログラムと，数日から数週間の管理者向け短期ビジネススクール（エグゼクティブ教育：executive education）に分けられる。エグゼクティブ MBA（学位の取得あり）は，1931 年に MIT のビジネススクール（Sloan Fellowship Program：M. S. degree）で創設されたのが始まりである。その後，シカゴ大学のビジネススクールが，2 年間のパートタイムで開始した（Andrews, K. R., 1966：18-19）。1980 年頃のアメリカでは，25 校でエグゼクティブ MBA（4 校は別名）が開講されている。入学条件は，① 28 歳以上，② 5 年以上の職務経験，③ 企業がスポンサーになっていること，④ 仕事を続けながら通学すること，であった（McNulty, N. G., 1985：433-435）。

　エグゼクティブ MBA（管理者向け短期ビジネススクール）は，経営者（管理者）170 人を対象に，1928 年にハーバード大学のビジネススクールが 6 週間の特別講義（special sessions）を開設したのが始まりである（Andrews, K. R., 1966：17）。経営者（管理者）のための継続教育は，1941 年にアイオワ大学のエンジニアリング（1961 年にビジネスになる）で始まった。ハーバード大学のビジネススクールは，政府からの要請で修了証プログラム（学位の取得なし）を 1943 年に開始し，1945 年から 13 週間の Advanced Management Program へと発展した（Copeland, M. T., 1958：126-130）。1941～1960 年には，すでに 45 校で Executive Development Program が開設されている（Verlander, E. G., 1986：26-27）。

② エグゼクティブ MBA の区分

　エグゼクティブ MBA（管理者向け短期ビジネススクール）は，図表 5-1 のよう
に区分される。それらは，財務，会計，マーケティングなどの分野で個人のス
キルや知識を高める「分野別オープン講座」，経営者（管理者）を対象に経営的
な視野と能力を高める「ゼネラル・マネジメント講座」，経営者（管理者）教育
を通して企業全体の能力や文化を変革・向上させる「一般的なカスタム講座」，
アクション・ラーニングを通じて企業目的の具体的な実現をめざす「問題解決
型」の 4 つである（Vicere, A. A., Fulmer, R. M., 1998：301）。

図表 5-1　経営者教育市場のセグメント化

講座の内容	（特定テーマ）	分野別オープン講座 財務，会計，マーケティングなどの分野で，個人のスキルや知識を高める －中成長－	問題解決型 アクション・ラーニングを通じて，企業目的の具体的な実現をめざす －中成長－
	（広範囲なテーマ）	ゼネラル・マネジメント講座 経営者（管理者）を対象に，経営的な視野と能力を高める －低成長－	一般的なカスタム講座 経営者（管理者）教育を通して，企業全体の能力や文化を変革・向上させる －高成長－
		個人 （オープン参加）	グループ （特定企業）

顧客

（出所）Vicere, A. A., Fulmer, R. M.（1998）*Leadership by Design*, Harvard Business School Press, p. 301.（野村マネジメント・スクール「経営者教育市場のセグメント化」『企業変革と経営者教育』野村総合研究所，2000：172）

　「一般的なカスタム講座」のビジネススクールのシェアは，10〜20％程度（2000
年）と推定され，経営者（管理者）教育の分野では最大の市場で，成長が最も高

いと見込まれていた。このレポートでは，オープンで一般的なものほどビジネススクールに優位性があるが，非公開で特殊なものほど企業のニーズは高いと報告する。それを受けてビジネススクールは，オープン講座そのものの改革，カスタム講座の拡充，さらには問題解決型の手法の取り込みなど，時代に即した改革を進めた（Vicere, A. A., Fulmer, R. M., 1998：300-309）。

　その結果，研修期間が短期化し，テーマを絞り込むことにより，提供するプログラム数は増加した。顧客である企業に魅力的なテーマを提供することにより，プログラムの単価も上昇する。オープン講座の市場が全体として停滞するなか，カスタム講座は飛躍的な増加を示し，一部のビジネススクールでは，カスタム講座からの収入が経営者（管理者）教育全体の70～80％にも達していた（野村マネジメント・スクール，2000：186）。

　1990年代後半になると，企業の要求レベルが高まるにつれ，顧客企業の問題意識に即した新たな教科内容を作成し，個々の企業に対応したカリキュラムを編成するという意味で，カスタム講座が主流になった。この背景には，経営者（管理者）教育市場が多様化し，顧客企業は，目的の明確化，成果重視，プログラムへの積極的な関与，供給者の使い分け，などを行う一方で，ビジネススクールの変革の必要性の認識，ターゲット市場の明確化，時代に応じた講座内容の構築，具体的成果を生み出す努力などがあった（Vicere, A. A., Fulmer, R. M., 1998：304-309；野村マネジメント・スクール，2000：197）。2000年には，エグゼクティブMBA（管理者向け短期ビジネススクール）は，605プログラム（85校）も存在した（Peterson's, 2000：vii-viii）。

　日本とアメリカの経営者（管理者）育成のための施策（2000年）を比較すると，アメリカ企業の30％が，社外での幹部教育（1997年）を実施しているのに対し（Vicere, A. A., Fulmer, R. M., 1998：94），[1] 日本企業は社外ビジネスカレッジの使用が6％，MBA学位取得などの海外留学経験が6％と（日本能率協会マネジメントセンター，1994），社外での経営者（管理者）教育はまだ低いレベルにあった（野村マネジメント・スクール，2000：225）。日本で中核人材の能力開発のために実施している施策を探った調査では，大学院・ビジネススクールへの派遣は4％

しかなく，OJT（58%）が最も多く，次いで，Off-JT（48%）であった（工業市場研究所，2017）。

　日米の経営教育には，伝統的な特徴の違いがある。アメリカ企業での対象は「経営者」「管理者」，教育訓練は「外部機関が中心」であるが，日本企業の対象は「全員教育中心」，教育機関は「社内が中心」である（根本，1998：216）。

・カスタム講座の例

　コマツでは部長以上を対象に，国内外のビジネススクールに派遣（数週間から2か月程度），研修終了後に，社長直轄の人事により，責任のある役職を担当させている。ソニーでは若手部長級が対象で，第1週はアメリカのビジネススクールに委託したカスタム講座で研修し，第2週は本社の経営会議の参加後に，本社のトップ経営陣と討議する。これには，海外の幹部を含む約20名が参加した（野村マネジメント・スクール，2000：227）。

　花王は2010年から，「グローバル・リーダー開発プログラム（GLDP）」を導入した。プログラムは初級マネジャー向けと上級マネジャー向けの2階層に分かれ，これまで日本人だけを対象としていたものを，世界中の拠点で活躍するリーダー候補生向けに再編成した。新しいプログラムでは，国内外のビジネススクールが全面的に協力している。IMD（International Institute for Management Development）は，上級管理者向けプログラムに協力し，日本での3〜5日間の講義2回と，その間に行われるスイスでの5日間の講義と経営陣への英語での最終発表をサポートしている。日本で行う講義には，スイスから教員が派遣される（テュルパン・高津，2012：118-121）。

　住友商事では，慶應丸の内シティキャンパスと共同で，現場の第一線で活躍する40代のチーム長クラス向けの8か月の「事業経営者養成塾」という人材育成プログラムに，海外での研修を組み込んでいる。IMDのカスタマイズプログラムを活用して，「ビジネスモデル・イノベーション」「グローバル・リーダーシップ」をテーマに絞り込んだ。スイスのIMDのキャンパスで行う5日間の研修では，40〜50歳前後の部長代理級で，次の異動が海外事業会社など

のトップになることを期待されている日本人 27 人と，北米，アジア，ヨーロッパなどの海外現地法人で同等クラスの外国人マネジャー 6 人に対して研修が行われる（テュルパン・高津，2012：121-129）。

　日本たばこ産業（JT）では，子会社である日本たばこインターナショナル（JTI）と一緒に，「JT—JTI タレント・パートナーシップ・プログラム」という仕組みを導入した。JT と JTI の有望な中堅社員を集めてディスカッションする試みから，2007 年からそれが発展する形で「エクスチェンジ・アカデミー（JT/JTI Exchange Academy）」を実施している。IMD の協力のもと，2 年おきに実施されるアカデミーでは，JT の日本人と JTI の外国人がともに学び，経営陣にお互いの相乗効果を生み出す提案などを発表させている。スイスと日本で 2 期に分けて 5 日間ずつ，計 10 日間のプログラムである（テュルパン・高津，2012：129-136）。

③ ［MBA 調査］と ［企業調査］からの実態
エグゼクティブ MBA（単位取得）の実態

　海外で学位を取得したエグゼクティブ MBA ホルダーの実態は，日本ではあまり知られていない。そこで［MBA 調査］から，私費のエグゼクティブ MBA ホルダー（学位取得）からの意見をもとに，彼らの実態について考察する。

　「海外の企業は，毎年一定数の社員を，アメリカのエグゼクティブ MBA（学位取得）に派遣している。海外では，企業がエグゼクティブ MBA（学位取得）を，社員教育の一部に取り入れている。その分，アメリカのビジネススクールは，企業から派遣される社員をとても大切にする。エグゼクティブ MBA（学位取得）に一度入学した学生は，その後はいつでも，その大学のエグゼクティブ MBA（学位取得）を無料で受講することができる」

　「シニアレベルの IT 関連企業の社員にとっては，業界の競争が激しいため，勝ち残るためにエグゼクティブ MBA（学位取得）での学位取得は必然である。アメリカの企業にとって，シニアレベルの社員がエグゼクティブ MBA（学位取得）に入学するのは問題がない。むしろ，企業がお金を出して通わせるケー

スがほとんどだ」

「近年では，起業している経営者から，エグゼクティブ MBA（学位取得）に入学したいとの問い合わせが多い。お金はあっても時間が少ない起業家にとって，エグゼクティブ MBA（学位取得）は，レベルの高い人脈をつくることができる。また，ディスカッション中心の授業のため，職務経験が少ない若い人が行く MBA よりも，はるかに多くのメリットが得られる」

エグゼクティブ MBA（学位取得）と MBA との違いは「エグゼクティブ MBA（学位取得）は，理論を質の良い議論で知恵に変え，すぐに応用実践して成果をだすことができる」「実務を経験した管理職が，より良い経営判断をするための教育」だという。

「エグゼクティブ MBA（学位取得）は，MBA には足りないリーダーシップを学ぶことができる。エグゼクティブ MBA（学位取得）ホルダーと一般の MBA ホルダーとは，企業は区別して活用する必要がある」「基本的に，エグゼクティブ MBA（学位取得）も MBA と同じことを行うが，授業の進め方が違う。エグゼクティブ MBA（学位取得）はディスカッションをする時間がとても長い。クラスメートはクラスへの貢献が大切で，学びをしっかりと自分のものにしなければならない」

「日本企業からエグゼクティブ MBA（学位取得）に留学に行く人は，社費でも，在職企業にお金をだしてもらって留学する人が多い。日本企業も，エグゼクティブ MBA（学位取得）への派遣を，海外の企業と同じように，制度として定着させてもよいのではないか。エグゼクティブ MBA（学位取得）の学費は MBA より高いが，年に数回ほど，数週間ずつビジネススクールに通うだけで単位取得できるため，仕事との両立が可能である」

「起業家は，エグゼクティブ MBA（学位取得）の学位が欲しいはずだ。日本には優秀な起業家が多くいる。彼らはビジネスを行ううえで，エグゼクティブ MBA（学位取得）での学習は，実際面で役に立つはずだし，学歴として外部へのアピール力もある。エグゼクティブ MBA（学位取得）こそ，起業家や，本気で起業を考える人には向いていると思う」

日本でもエグゼクティブ MBA ホルダーが増加すれば，海外 MBA 派遣制度を実施する企業は，若手社員だけを制度の対象とするのでなく，管理職レベルの社員の再教育の場としてのエグゼクティブ MBA（単位取得）にも関心がでてくるだろう。すでに，エグゼクティブ MBA（学位取得）に社員を派遣する企業も存在するが，それはあくまで，MBA 派遣で選抜された社員の自由意志によって，選抜時の派遣者の年齢が高いという理由により，企業との話し合いの結果，派遣されるというケースである。

・エグゼクティブ MBA（管理者向け短期ビジネススクール）の実態

　［企業調査］において海外のエグゼクティブ MBA（管理者向け短期ビジネススクール）への派遣を実施している 2 社からの回答によると，その派遣目的は，「管理者層の経営教育のため」「管理者層のグローバル教育のため」「管理者層の英語力の修得のため」（各「ややその通り」「全くその通り」の合計 2 社）であった（資料 1：問 20(1)）。この 2 社は，海外 MBA 派遣制度も実施しているため，MBA とエグゼクティブ MBA（管理者向け短期ビジネススクール）の 2 本立てである。

　派遣の内容は，毎年「1〜5 人」（2 社）を（資料 1：問 20(2)），「2〜3 か月」（1 社）か「半年以上」（1 社）派遣している（資料 1：問 20(3)）。派遣を始めたのは，「2005〜2010 年」「2015 年以降」（各 1 社）と（資料 1：問 20(4)），比較的新しい。

　エグゼクティブ MBA（管理者向け短期ビジネススクール）への派遣は，MBA 派遣とは異なり，若手社員の誘因目的としての機能は少なく，管理者層の再教育及び英語力の強化のため，短期間での派遣でもあり，コストもそれほどかからない。海外 MBA 派遣制度だけでは若手社員しか対象にならないため，管理者層への再教育を行うために，エグゼクティブ MBA（管理者向け短期ビジネススクール）への派遣を始めている。

　一方，今後は「派遣人数を増やしたい」「派遣期間を延ばしたい」「提携先のビジネススクールを増やしたい」という回答はない（資料 1：問 20(1)）。加えて，「アジアのエグゼクティブ MBA も利用してみたい」（「ややその通り」1 社）（資料 1：問 20(1)）という回答はあったが，実際にアジアのエグゼクティブ MBA

を活用する企業のケースは存在しない。

海外 MBA 派遣制度を実施する企業の中で，上記の 2 社を除く 4 社が，今後は「エグゼクティブ MBA（管理者向け短期ビジネススクール）の導入・強化」（「ややその通り」4 社）を考えていた（資料 1：問 17）。そのうち 3 社は，「学位取得（1 年）のエグゼクティブ MBA 派遣の導入」（「ややその通り」3 社）にも関心がある（資料 1：問 17）。

海外 MBA 派遣制度を実施してきた企業ほど，制度の運営経験から，管理者層を対象とする学位取得目的及び管理者向け短期ビジネススクールの両方のエグゼクティブ MBA への関心は高い。その派遣先は，アメリカ・ヨーロッパが中心である。

制度を実施しない企業からの回答では，海外 MBA 派遣をしない理由として，「MBA よりもエグゼクティブ MBA に関心があるため」（「ややその通り」「全くその通り」の合計 21％）という回答は少ない。「違う」「全く違う」（合計 33％）という回答が，関心があるという回答を上回っており，「どちらともいえない」（48％）が，約半数を占めている（資料 2：問 2）。

なお，海外 MBA 派遣制度は実施していないが，海外のエグゼクティブ MBA への派遣を実施する企業が 2 社（3％）存在する（資料 2：問 4）。このうち 1 社は，「MBA よりもエグゼクティブ MBA（管理者向け短期ビジネススクール）に興味がある」（「ややその通り」）と回答していたが，もう 1 社は「違う」と回答している（資料 2：問 2）。

海外 MBA 派遣制度を実施しない企業のうち「国内のエグゼクティブ MBA（管理者向け短期ビジネススクール）」に派遣する企業は，16 社（25％）も存在する。「語学／海外トレーニー」への派遣（23 社：36％）に次ぎ，第 2 位を占めている（資料 2：問 4）。コストも安く，短期間ですむ国内のエグゼクティブ MBA（管理者向け短期ビジネススクール）への派遣が，教育制度の主流であった。

⑵ アジア諸国への MBA 派遣

① アジア諸国への留学動向

　2000 年以降は，アジア諸国で多くのビジネススクールが創設されたため，日本人で MBA 留学を目指す人の留学先が，アメリカ・ヨーロッパから，アジア諸国へと拡大した。日本人がアジア諸国のビジネススクールに留学する理由は，留学コストが安い（アメリカへの留学の半分以下のコストに抑えることができる），少人数で国際的である，最短 12 か月で MBA 学位の取得が可能である，アジア諸国は日本から近いため，何かと便利でネットワークを保ちやすい，希少性と「アジアに強い」ためである（梶並，2014：19-23）。

　日本人の派遣先として，アジア諸国で最も人気が高い香港と中国のビジネススクール 9 校を卒業した日本人数は，2003〜2007 年まで 33 人であったのが，2008〜2012 年までは 70 人と，約 2 倍に増えたという調査結果がある（「香港・中国フルタイム日本人 MBA 留学生推移（入学年度別アジア留学生自主調査データ：アクシアム）」梶並，2014：18）。

　日本人が中国のビジネススクールを選ぶ理由について，中国への MBA 留学を日本で早くから勧めていたイフ外語学院の中野文斗氏は，日本の MBA に比べて質が高く，グローバルな人材が集まっている，英語，中国語という 2 つの言語を身につけることができる，中国人エリートが集まっているので人脈が築ける，日本や欧米に比べて学費が安い，日本に近いので，留学しながら日本国内での就職活動や面接を頻繁にこなせるためだと主張する（喜多，2008：171-172）。

　中国の MBA 教育が始まったのは，1980 年代初期，鄧小平が当時の米国国務長官のキッシンジャー（Henry Alfred Kissinger）と話し合い，アメリカ・ヨーロッパの MBA プログラムの中国への導入に踏み切ってからである。1990 年に冷戦が終結すると，中国政府は国内の大学でも MBA 教育を試験的に実施することに決め，1991 年から中国人民大学，精華大学など，9 大学でビジネススクールを始めた。2015 年には，238 校の大学にビジネススクールが存在した。

　ビジネスウィーク中国支社は，2007 年に，中国のビジネススクールに関す

る調査を行ったが，トップレベルのビジネススクールには，少し前なら海外での MBA 学位取得を選ぶようなトップクラスの学生が集まると結論した。[2]

　しかし，「日本人にとって中国（香港以外）のビジネススクールは，ハードルが高い。英語と中国語の 2 か国語ができなければならない。日本人でもちょっとやそっとでは，中国のビジネススクールには行かない。中国のビジネススクールを修了する日本人は，基本的に企業からの派遣者ばかりだ」「中国は企業経営の歴史が浅いため，経営理論はアメリカのテキストをそのまま使う。中国社会をかじる場としてはいいが，ビジネスを学ぶ場ではない。また中国では，英語で受けられるカリキュラムは増えているが，実態としては中国語を勉強しておかないと，本当の人脈は作れない」という，［MBA 調査］での中国 MBA ホルダーからの意見がある。

　中国の経済成長がダウンシフトしてきた今は，アジア諸国のビジネススクールへの留学から，アメリカ・ヨーロッパのトップレベルのビジネススクールへの回帰傾向にある。2000 年代初頭は，中国を中心にアジア諸国の MBA 人気が高まったが，2014 年頃からは，アメリカ・ヨーロッパのトップレベルのビジネススクールへの回帰が行われている。きっかけは，中国経済のダウンシフトであるが，MBA の成功モデルが金融エリートから，イノベーター，アントレプレナー志向へと変化してきたからである（日経 HR，2016：92）。

　この傾向を示すように，2014 年の 358 人の日本人の海外 MBA ホルダーのうち，アメリカでの学位取得者は 220 人と多いが，ヨーロッパが 107 人，アジアは 28 人と，少なくなったという調査結果がある（「日本からの MBA 留学生（主要 55 校の推移）アクシアム学生アンケート調査による MBA 留学生数推移データより」梶並，2014：22）。アジア諸国のビジネススクールに対する人気は少し落ち着き，アメリカ・ヨーロッパのビジネススクールへの回帰が行われている。

　「MBA ホルダー間の差別化を狙って中国に留学したが，可能であったら MBA の本場であるアメリカのトップレベルのビジネススクールに留学してみたかった」という，［MBA 調査］での中国 MBA ホルダーからの意見もあったが，「留学当初は，MBA 留学はアメリカ・ヨーロッパしかないと考えてい

たが，今だったら，シンガポールに留学してみたかった」という，アメリカ
MBA ホルダーの意見もあった。

② MBA 留学体験記の多様化

　2000 年頃までは，MBA 留学体験記の内容は，アメリカ・ヨーロッパへの留
学が中心であった（金，2002：10-12）。2000 年以降になると，留学体験記の中
での留学先が，アジア諸国やエグゼクティブ MBA へと拡大した。1970 年代に，
最初に個人の MBA 留学体験記が出版されてから，50 年以上の情報の蓄積が
ある[3]。過去から王道であったアメリカのビジネススクールへの留学体験記も，
女性の視点からの留学体験や（佐藤，2003），卒業後の起業に焦点を絞ったもの
まで（岩瀬，2006），内容の幅が広がっている。ネットブック（Kindle 版）では，
アメリカ MBA ホルダーの就職方法，広告マンによる MBA レポート，40 歳
からの留学や英語の勉強法，妻による夫の MBA 合格体験記など，内容は多様
である。

　MBA ホルダーの日本でのネットワーク組織が中心になって，会員の留学体
験やキャリアをまとめた著書も多くなる。例えば，アメリカのノースウェスタ
ン大学のビジネススクールの卒業生 9 人がまとめた『MBA は本当に役立つのか』
（MBA バリュエーション・プロジェクト，2003），アジア MBA ホルダーの組織で
ある「チャイナ MBA マネジメント協会（アジア MBA 卒業生執筆チーム）」がま
とめた『アジアで MBA』（梶並，2014），エグゼクティブ MBA ホルダーの組織
である「Japan EMBA Alumni」の事務局を運営する 2 人がまとめた『一流の
頭脳の磨き方』（山崎・岡田，2016）である。

　以上のような MBA 留学体験記では，読者を引き付けるためのポジティブな
情報が主体になるが，研究においては，その実態を探ることが重要である。

③［MBA 調査］と［企業調査］からの実態

　［企業調査］において，海外 MBA 派遣制度を実施する企業のうち，アジア
諸国への派遣を実施するのは 3 社であったが（資料 1：問 18），毎年アジア諸国

に派遣するのではなく，派遣者の希望によって可能にするというケースである。公募による選抜では，派遣先は本人の意思が最も重視されるからである（資料1：問5(1)(5)）。

　上記の3社からの回答では，派遣目的は，「アジア地域の経営幹部の育成のため」「アジア地域のグローバル・マネジャーの育成のため」「アジアでの経営情報や現地事情の収集のため」（各「全くその通り」1社）であった。この他は，「派遣者に現地の言語の修得を期待している」「アジアでの人脈の形成に期待している」「アジアへは戦略的に派遣している」「アジアへの派遣は本人の希望による」（各「ややその通り」1社）である（資料1：問19）。

　アジア諸国への MBA 派遣について，企業は積極的ではない。その理由は，アジア諸国のビジネススクールのうち，日本人が留学しやすいのは，英語が公用語であるシンガポールと，英語で授業を行う一部の1年制のプログラムだけであり，アジア諸国の言葉で授業を行うプログラムに入学するのは難しいためである。

　［MBA 調査］において中国 MBA ホルダーから，「アジア諸国への MBA 派遣を選ぶ人は，日本人 MBA ホルダーの中での差別化を図りたい人や，アメリカやヨーロッパのトップレベルのビジネススクールへの入学が難しかったため，アジア諸国でのトップレベルのビジネススクールへの派遣を選ぶ人はいる」という意見があった。または，「アジア諸国で仕事をしていた社員が，働きながら通学可能な地域のビジネススクールに，パートタイムで通うケースはある」という。

　私費の MBA ホルダーの中には，タイやインドなど，多様なアジア諸国のビジネススクールに留学した人がいる。しかし，企業からの派遣者が，シンガポールと中国以外のアジア諸国のビジネススクールに派遣されたという話は，まだ聞いたことがない。

　制度の派遣先の中心は，アメリカ・ヨーロッパであり，アジア諸国のビジネススクールへの派遣は，企業指名での人選による現地の語学の修得理由などがない限り，かなり少ない。アジア諸国で多いのは，私費の MBA ホルダーの留

学である。2000年以降のアジア諸国におけるビジネススクールの創設ブームが去った後，制度の派遣先は，再びアメリカ・ヨーロッパが中心なのである。

(3) 国内 MBA 派遣制度
① 国内のビジネススクールの歴史

　日本の大学院制度は，「大学院」と「専門職大学院」の2種類の大学院から構成されている。学部と切り離された専任教員を持つ，学部から独立した大学院が創立されるのは，1970年以降のことである。その構想が広く実現するのは，社会人に門戸を開放することを目的に，2000年の「専門大学院」制度，続いて2003年の「専門職大学院」制度が制定されたことが始まりである。多くの課題を抱えながらも，専門職大学院が制度化されたのは，大学院制度の進展のための大きな一歩であった。

　夜間大学院の制度が高度専門職業人の養成に特化した大学院として進化すると，大学院を強化すべく，「科学技術の進展や社会・経済のグローバル化に伴う，社会的・国際的に活躍できる高度専門職業人養成へのニーズの高まりに対応するため，高度専門職業人の養成に目的を特化した課程として創設」（文部科学省「専門職大学院」）されたのが，専門職大学院である。

　学部を持たない独立大学院型のビジネススクールの創設の歴史は，大まかに3期に区分できる。第1期は，日本のビジネススクールが創設された初期である。1978年に「和製MBA」を目指した慶應義塾大学大学院経営管理研究科を始め，1988年に英語指導を特色とする国際大学大学院国際経営学研究科，1989年に社会人向けに，夜間大学院を創設した筑波大学大学院ビジネス科学研究科，国立では神戸大学に最初の社会人MBAプログラムが創設された。

　第2期の創設後期として，2000年に経営分野の専門大学院として一橋大学大学院国際企業戦略研究科，名古屋商科大学が1年制を創設，2001年に青山学院大学大学院国際マネジメント研究科の創設と，ビジネススクールの形態の多様化が進んだ。

　第3期に入ると，ビジネススクールの創設ラッシュが起こる。「ビジネス

クール・ブーム」と呼ばれる時期である。2003 年には専門職大学院で 6 学科が創設され，2004〜2006 年には毎年 7 学科が創設された。2012 年に 33 学科 (31 校) あるうちの 27 学科が，この時期に創設されている。2007 年になると 3 学科，2009 年と 2012 年には，各 1 学科しか創設されていない (文部科学省「専門職大学院」)。

　日経 HR 編 (2009, 2010, 2012) から明らかになる範囲では，MBA，MOT，会計を合計すると，114 大学 132 学科存在する。MBA と MOT だけでは 95 大学 112 学科である。国内のビジネススクール数が最も多かった時期，MOT と MBA を併設した専門職大学院数は，31 大学 (33 学科) であった。

　日本で MBA 学位を取得するためには，日本の大学院 (専門職大学院，大学院，株式会社大学院)，外国大学日本校，海外のオンライン教育の大学に入学する方法がある。株式会社大学院には，グロービス経営大学院やビジネス・ブレークスルー大学院などがあり，専門職大学院の認可を受けている。外国大学日本校とは，アメリカやヨーロッパに本校を持つ大学が，日本に分校を創設した大学のことである。1982 年にアメリカに本校を持つテンプル大学が創設してから，カナダのマギル大学 (2001)，オーストラリアのボンド大学 (2001)，イギリスのウェールズ大学 (2002) が創設した。

　海外のオンライン教育には，日本に事務局を持つ大学と持たない大学がある。日本に事務局がある大学には，オーストラリアのボンド大学，イギリスのオープン・ユニバーシティー，アメリカのマサチューセッツ大学ローウェル校などがある。日本の事務局が存在する場合，受講者は事務局を通して，日本語での手続きを可能にし，日本語での授業支援を受けることができる。日本の事務局が存在しない場合は，海外の大学に直接入学することになる。

　続いて，2012 年度の入試倍率 (実質倍率) について，日経 HR 編 (2009, 2010, 2012) から考察してみよう。MBA と MOT の場合，2009〜2012 年までは一定の入試倍率 (1.5 倍程度) を維持しているが，2012 年は国立の方が 1.8 倍と，私立の 1.3 倍よりも高い。国立の倍率は専門職大学院の倍率よりも高く，大学数が多い私立では，すでに定員すれすれの状態が続いていた。

MOT・会計よりも創設数が多い MBA は，少なくとも 98 学科存在するが，入試倍率を公表しているのは，49 学科（日経 HR 編，2012）だけである。全体の約半数しか公表されていないが，公表しないビジネススクールのほとんどが，1 倍以上の倍率であった。残り半数のビジネススクールの入試倍率が，全体の入試倍率を左右する。

② 国内のビジネススクールの区分

国内のビジネススクール 114 大学（132 学科）を区分するために，客観的な区分が可能な基準はあるのだろうか。アメリカの『ニューズウィーク』や『US ニューズ』などが公表しているビジネススクール・ランキングのように，日本では，緻密な調査項目（カリキュラム，学生の満足度，企業の満足度など）での区分を行うことは難しい。

統計は少々古いが，最も多くのビジネススクールが公開していた範囲での入試倍率（日経 HR 編，2009，2010，2012，2013，2014）に着目した。入試倍率は，ビジネススクールに対する労働市場や社会からの評価の基準であると考え，その数字をもとに，国内のビジネススクールの区分を試みた。入試倍率だけを国内のビジネススクールの区分の基準とすることは，適切な指標であるとは言い難いが，学生定員の充足率は，社会からの客観的評価の一つである。

明らかになっている MBA と MOT の 85 学科の入試倍率は，2009 年は 1.5 倍，2010 年も 1.5 倍，2012 年も 1.5 倍と同等であった。2012 年だけ，国立 24 コースは 1.8 倍，私立 61 コースは 1.3 倍である。専門職大学院 36 コースだけでは，1.4 倍と差が見られる（日経 HR 編，2009，2010，2012）。

以上のような入試倍率をもとに，国内のビジネススクールを大まかに，「優良ビジネススクール」「準限界ビジネススクール」「限界ビジネススクール」「消滅ビジネススクール」の 4 つの状態に区分したのが，図表 5-2 である。

「優良ビジネススクール」とは，創設以降の入学定員割れがなく，毎年，入学定員数の確保ができているところである。「準限界ビジネススクール」とは，入学者数が減少し（2012〜14 年），定員割れが起きているビジネススクールのこ

図表 5-2　国内のビジネススクールの区分

ビジネススクールの区分	区分の目安
優良ビジネススクール	・創設以降の入学定員割れがなく，毎年，入学定員数の確保ができている。
準限界ビジネススクール	・入学定員数が 2012〜2014 年の間に減少し，定員割れが起きている。
限界ビジネススクール	・過去から入学者数が減少し，定員割れが 2 年以上続いている。 ・創設当初から入学定員が充足されず，減少し続けている。
消滅ビジネススクール	・廃止したビジネススクールのこと。

(出所）金（2015)「ビジネススクールの区分」「日米ビジネススクールの現状と課題」和光大学総合文化研所年報：150 をもとに筆者作成。

とである。限界ビジネススクールの予備軍的存在である。「限界ビジネススクール」とは，過去から入学者数が減少し，定員割れが 2 年以上続いている，及び，創設当初から入学定員数が充足されておらず，しかも減少し続けているビジネススクールのことである。「消滅ビジネススクール」とは，すでに廃止されたビジネススクールのことである。

　国内のビジネススクールは，上記の 4 つの区分のどれかに含まれる。以下では，国内のビジネススクールにインタビュー調査を行い，4 つの区分の特徴を具体的に示した研究を紹介する。

③ 国内のビジネススクールの実態

　Yoshihara, H., Kim, A. (2015)，金（2015）は，国内のビジネススクール間の格差が広がりつつある現状を明らかにするために，2011〜2014 年に，日本のビジネススクール 16 校の教員に対するインタビュー調査を行い，図表5-2 に示した 4 つの区分の特徴を具体的に提示した。調査を実施したビジネススクールは，愛知学院・中京学院・中部・名古屋商科・京都・兵庫県立・関西学院・神戸・首都大学東京（当時）・中央・東京理科・明治・法政・慶應・早稲田・一橋（2 学科）である。

この調査から解明したのは，以下のような6点である。第1に，ビジネスス
クールは，平日夜間と週末に授業が行われるパートタイムの学生がほとんどで
ある。「日本でフルタイムのビジネススクールは運営が難しい。学生は企業を
辞められないからだ」という。研究者育成のためではないフルタイムの場合，
留学生（中国人が多い）や学部新卒者を対象とするケースがある。例えば，「提
携している中国の大学があり，そこから毎年，中国人を学部に送ってくれる。
彼らが学部を卒業した後に，ビジネススクールにもきてくれる。そのため，こ
のビジネススクールには中国人しかいないが，毎年ある程度の学生数は確保で
きている」という。さらに，「学生は中国人ばかりのため，この大学ではビジ
ネススクールという認識はない。ビジネススクールというよりも，大学に付属
した大学院という認識が強い」と述べていた。「基本的に学部新卒者しかビジ
ネススクールにはこない。社会人をターゲットとしてはいない」という意見も
あった。

　研究者育成のためではないフルタイムのビジネススクールの場合，社会人は
会社を辞めて入学してくることになる。そこで，パートタイムである利点を生
かす大学もある。例えば，「学生は所属する企業があるからこそ，クラスでの
課題や討論に参加できるメリットが大きい。逆に所属する企業がない人は，こ
のビジネススクールは受け入れない」という意見である。

　学生は企業人だけでなく，専門職，役所・学校・病院などの非企業からの社
会人も少なくない。例えば，「横のつながりのない病院関係の職場からくる場合，
ビジネススクールでの人脈は，とても大切だというのが学生の意見だ。ビジネ
ススクールの在学中に行う学生が勤める病院以外でのインターンシップ経験は，
学生にはとても人気がある。病院関係の職場からくる学生には，そのようなチ
ャンスがないからだ」という意見である。

　パートタイムの学生の場合，フルタイムの学生に比べて，勉強時間が圧倒的
に少ない。「パートタイムでは学生が忙しすぎて，十分に勉強させることがで
きない」「出張ばかりで欠席する学生がいる」「どんな理由にしろ，授業を欠席
するということは考えられない。授業を2回欠席したら，単位はあげない」と

いう意見がある。

さらには，「うちはフルタイムのビジネススクールだが，学生は 1 日 12 時間くらい勉強する。これは当たり前だ。仕事と勉強を両立しようとすると，勉強が身につかない。フルタイムとパートタイムのビジネススクールは，異なる大学だと思っている」「ここはパートタイムだが，学生を限界まで追い込んで勉強させるため，とても過酷なスケジュールである。会社に勤めているというパートタイムならではの利点を生かしたカリキュラム構成（在職企業の課題を探るなど）である」という意見もあった。

第 2 に，有力なビジネススクールには，研究ベースの実学教育が多い。修士論文（課題論文）を必修にする，基本文献の精読をするなどの特徴がある。ビジネススクールの専任教員には，実務経験と学術経験の両方を備えた教員が多い。例えば，「教員のバックグランドについて，アカデミック（学術経験者），ビジネス（実務経験者），コンサルタント（コンサルタント経験者）の割合を 1 対 1 対 1 に保ちたい。これは学生のニーズに対応するためである。実務家は先生としてパンチがあり，コンサルタントはプレゼンテーションがうまい。コンサルタントは実務家ほどの深刻さはないが，軽いノリがあるので，必要な教員であり，教え方もうまい」という。また，「実務家教員の場合，賞味期間（教える内容が充実している期間）が短いため，その後が困る」「学術的な勉強を続けていないと，授業にそれらを還元することができなくなる」という意見もあった。

授業内容と学術的な研究との関係を尋ねてみたところ，多くの教員が，「両者の関係は深く，自信を持って良い授業ができるようになる」という意見であった。実務家教員は非常勤講師であるケースが多いため，ビジネススクールでは学術的な背景が強い教員が，学生に理論を中心に教えている。

修士論文（課題論文）を書くことを重視する大学は多く，これが学生の能力を引き出している。例えば，「学生はワークショップに所属して，タームペーパーを 1 年間で書かなくてはならない。タームペーパーは修士レベルまでにはいかないが，ある種の実証研究である。1 年目は基礎的な研究を学ぶが，2 年目にはタームペーパーを書くことが中心になる」という。学生と教員が共同で，

授業での成果を本として出版するケースもある。

　第3に，各ビジネススクールには，ユニークな戦略が存在する。例えば，地元企業の後継者育成に焦点を合わせる，授業は土日だけ（ウィークエンド MBA），教員の多くを占める実務家教員の半数以上が博士号を取得している，国際認証を重視する，社会経験のない学部新卒者が対象である，税理士試験と医療経営に焦点を合わせる，近くの有力ビジネススクールとの競争を回避する，その大学の倫理を重視する，中小企業診断士の資格と MBA 学位の取得を可能にするなどである。

　「競争相手やベンチマークとなる外部のビジネススクールはない。あくまでビジネススクールの資源の中で，何ができるかを中心に考えだしたビジネススクールだ。他のビジネススクールの動きは見ているが，参考にはならない。普通のビジネススクールとは，少し違うところがこの大学の強みだ」という意見があった。

　中小企業診断士の資格の取得を戦略としている大学では，「他のビジネススクールでも，中小企業診断士の資格の取得をプログラムに入れ始めていることが不安だ」という。医療経営を中心に教えているビジネススクールでは，「医療系のビジネススクールは珍しいため，今後の運営も問題はない」という。

　「ビジネススクールの運営の採算は取れていない。授業料と建物，教員の人件費が出るかどうかのギリギリの線だ。しかし，ビジネススクールは大学全体の宣伝塔であるため，その費用と考えたら安い」という意見もあった。

　ビジネススクールを創設する際に，ビジネススクールの構造を明確に決めているところが多い。創設初期のビジネスモデルが明確であるビジネススクールは，開始してからもビジネスモデル通りの運営でうまくいっている。例えば，「このビジネススクールを最初に設計するとき，活用できる資源が大学内でも限られていたため（ビジネススクールに予算はなかった），その特色がだせるように設計した。それが学部の学生を受け入れるという戦略であり，そのニーズは必ずあると考えた。そのため，社会人の入学は，今でも考えていない」という意見である。

　第4は，定員割れが続くビジネススクールが，半数を超えている可能性である。定員割れを起こしているビジネススクールには，学生・教員・事務・設備の劣化を起こすなど，ビジネススクールの存在意義が疑問であるところが少なくない。定員割れが存在する準限界及び限界ビジネススクールが多い背景には，専門職大学院の制度に便乗してスタート，明確な方針・戦略の欠如，リーダーシップの不足，教員のコミットメント不足，貧弱な教育施設・管理体制，学部・大学院に付随的などの理由がある。

　「教員の多くが学部と兼任して教えているので，忙しくてビジネススクールにコミットメントする時間がない。大学もビジネススクールには，ほとんどお金をかけていない」「ビジネススクールにコミットメントしたところで，教員には何のメリットもないため，教員が嫌がる」「学生は中国人が多いため，授業では経営学の基礎しか教えない。社会人が入学した場合，このキャンパスへの通勤がとても不便だ」という意見があった。

　「ビジネススクールは企業の問題解決を行うコンサルティングファームのような状況にあるため，学問を教える大学とは思えない」「研究のインセンティブが，ビジネススクールにはない。専門職大学院は大学ではなく，株式会社のようだ」という意見もある。

　「ビジネススクールに教員の力が奪われるのはもったいない。研究時間がなくなる」という声は少なくない。顧客となる学生や企業の都合に大学を合わせていくほど，教員の研究力をそいでしまうという矛盾である。そのため，「教員がビジネススクールに力を入れたがらないのが実情だ」という。その一方，「大学で良い風土を構築して，そこに教員が入れば，その風土になじんでいく。教員の質でプログラムが決まる」という意見のように，教員のコミットメントは重要である。

　第5は，日本語での授業と比較して，英語の授業では質の低下が生じるので，日本語で授業をするところがほとんどである。英語の授業では，ビジネスの内容を深く教えることが難しいという指摘である。英語が母国語ではない日本人が日本人に教える場合，または学生が日本人である場合，日本語での授業と比

較して，授業内容の質が落ちる。どのような日本人が外国語で教えるビジネススクールにくるかというと，「日本企業が嫌になった人々」だという。英語で授業を行うビジネススクールの場合，学生はほとんどが留学生であり，逆に日本人が集まりにくいという問題がある。ビジネススクールに入学する留学生とは，「日本が好きな外国人が多く，東洋的なビジネス思想を勉強したい人々」だという。なお，国内のビジネススクールにおける外国人学生は少数であり，ビジネススクールにおける学校の国際展開はほとんどない。

　第6に，ビジネススクールの学校数，受験者数，卒業生数は増えておらず。逆に減っている（日経 HR 編，2009，2010，2012，2013，2014）。ビジネススクールはすでに，ピークアウトしている。一時的に入学者が増加することはあっても，年度によって学生数に波がある。調査対象のビジネススクールの中では，学生数が増加しているところは一校もなかった。

　「本当に入れたくない学生だけを落とすのが入学試験であり，学生を選んでなんかいられない」「入学希望者を落とせるほど，学生は集まっていない」という。一方で，「プログラムの質が下がるため，入学試験を厳しくして，留学生を入れないようにしている」という意見もあった。

　上記の6点を，国内のビジネススクールの4つの区分（図表5-2参照）に当てはめて考察してみよう。第1と第6の解明事実は，調査対象の全てのビジネススクールに当てはまる。

　優良ビジネススクールは，第2の特徴が強い。つまり，修士論文を主力としている。逆に，「学生には研究課題があるが，それはパワーポイントを使った口頭発表でも良いことになっている」という意見のように，定員割れのビジネススクールほど，あまり力をいれていない。

　また優良ビジネススクールでは，第3の解明事実のように，ユニークな戦略が創設当初から続いており，それが忠実に実行されている。明確な方針・戦略があり，そのための強いリーダーシップを発揮する教員がいる，教員全体のコミットメントが大きい，大学もビジネススクールの運営を大切にしている（学部とビジネススクールは別組織として機能している）などの特徴である。なお，ビ

ジネススクールの創設当初から強いリーダーシップを発揮してきた教員は，「自分はほぼ一人でこのビジネススクールを立ち上げたため，自分の後継者をどうするかが今の課題だ」と述べていた。

準限界ビジネススクールも修士論文（課題論文）を重視しており，授業内容も優良ビジネススクールと変わらないところが少なくないなど，第2の解明事実の特徴は共通している。異なるのは，第4の解明事実である。専門職大学院の制度に便乗してスタートしたのはよいが，創設当初から明確な方針や戦略がなく，それを実行する強力なリーダーシップが欠如している。教員全員のコミットメントも，優良ビジネススクールに比べると少ない。専任教員の多くが学部と兼任しているため，あまりコミットメントできないという課題も大きい。

限界ビジネススクールも，第4の解明事実での問題点が大きい。一部の限界ビジネススクールでは，アメリカのビジネススクールを，そのままモデルとしている。例えば，「ここはアメリカのビジネススクールのカリキュラムを手本としている。アメリカ型のバランスのとれたビジネススクールである。カリキュラムや教科書は，アメリカと同じものを使い，実際に，アメリカのビジネススクールで学んだ先生も多くいる」という意見である。有名なビジネススクールであっても，規模が大きく，キャンパスの環境も良いビジネススクールであったとしても，アメリカのビジネススクールをそのままモデルとするのは難しい。

優良ビジネススクールには，アメリカのビジネススクールをモデルとするところはない。逆に，日本の企業環境に合わせる，大学の学部が持っている資源を最大限に利用する，珍しいプログラムの開発など，置かれている地域や環境に合わせることを第一目的とする。例えば，「過去に社会人を対象とした夜間MBAを創設したが失敗した。そこで，他のビジネススクールとの差別化を考えて，地域・ローカル・資格を重視するビジネススクールを新たに創設した」という意見である。

国内のビジネススクールの半数以上が定員割れである可能性を考慮すると，ビジネススクールのほとんどが，準限界及び限界ビジネススクールに区分され

るだろう。準限界及び限界ビジネススクールが，消滅ビジネススクールへと向かうのは容易いが，優良ビジネススクールへと上がっていくのは難しい。基本的に，ビジネススクールの設計やビジネスモデルが市場に適切でないため，現在までも大きな苦労を強いて進んできている。大学や教員のビジネススクールの運営に対する興味も少ないため，学生が減少しても，あまり気に留めてこなかったケースもある。

　優良ビジネススクールと準限界ビジネススクールの間には，授業内容や難易度，大学の戦略，学生のレベルなどに大きな差が存在する。優良ビジネススクールが厳しい日本の企業環境の中で，したたかに生き抜いていく姿は今後も変わらない。この傾向は，アメリカ型のビジネススクールとは異なるものであるため，日本的なビジネススクールの誕生と言える。

　「日本的」というのは，修士論文を重視する，地元企業の後継者育成に焦点を合わせる，授業は土日だけ（ウィークエンド MBA），教員の多くを占める実務家教員の半数以上が博士号を取得している，社会経験のない新卒者が対象である，税理士試験と医療経営に焦点を合わせる，中小企業診断士と MBA 学位の取得を可能にするなど，少ない資源と厳しい社会環境の中で，創設当初から続くユニークな戦略を守り抜いていることを意味する。

　「ニッチな戦略を持つブティック型のビジネススクールばかりでは，日本はつまらない。アメリカのような王道を行く本格的なビジネススクールが日本にも必要である。そのためには，アメリカのビジネススクールのように，教員が教材開発をする必要があるだろう」という，海外のビジネススクールでの教員経験のある教員の意見もあった。

④ 国内 MBA ホルダーと企業の実態

　国内 MBA ホルダーと企業の実態については，すでに多くの調査・研究が蓄積する。専門職大学院（MBA）を含む大学院に関する大規模な調査（本田，2003；吉田，2010；平尾・梅崎・松繁，2013）から，国内 MBA ホルダーと企業に関する大規模な調査（慶應義塾大学大学院経営管理研究科，2009；工業市場研究

所，2017）もある。

　多様な視点からの調査・研究が存在するなか，国内 MBA ホルダーと企業に対する調査を行い，両者の間の意識ギャップまでを明らかにした金（2009）の研究を紹介する。2005〜2006 年に，国内 MBA ホルダー 101 人と企業 34 社を対象に，アンケートとインタビュー調査を行っている。その結果，企業が国内のビジネススクールで修得されると考えるスキルは，専門知識，経営管理能力，戦略的思考が，上位 3 位にあげられていた。逆に少ないのが，忍耐力や経営哲学及び洞察力などのソフト的なスキルである。この調査結果は，［企業調査］での海外 MBA ホルダーに期待される修得スキルが，経営管理能力と専門知識（プロフェッショナル・スキル）であったことと類似している（資料 1：問 3）。海外・国内にかかわらず，企業は MBA ホルダーにプロフェッショナル・スキルの修得を期待している。その一方，企業の国内 MBA ホルダーに対するグローバル・スキル修得への期待は，ほとんどない（金，2009）。

　また，企業の約 6 割が，国内 MBA ホルダーの修得スキルや成果は曖昧だと考えていた。国内のビジネススクールは社会でどのような役割を担っているのか，どのような人材を育成しているのか，どのような授業を行っているのか，すなわち企業に，どのようなメリットをもたらしているのか不明だという（金，2009）。

　一方，国内 MBA ホルダーは，ビジネススクールでの修得スキルとして，IT スキル，日本人との人脈，専門知識であると考えていた。国内のビジネススクールの問題点は，専門知識と経営管理能力修得の低さ，修得スキルの不明確さであった。多かった意見は，「ビジネスに熱意がある多様な業界の同窓生に出会えたことは，一生の宝であり，卒業後も励まし合って厳しいビジネス界を渡っていくために，必要な仲間を得た」というものである。逆に，「人脈以外に得るものは，ほとんどなかった」との意見もある。「ビジネススクールで教える教員は，時代遅れの人が多く，人脈にはつながらない」という。国内のビジネススクールは，学生同士の人的ネットワークの形成の場としての機能が高く評価されていた（金，2009）。

⑤ 国内 MBA 派遣制度の実態

　国内 MBA 派遣制度を考察するにあたり，国内留学制度を実施してきた企業数の変遷については，図表 1-2 に示した調査から，ある程度の把握が可能である。「第 1 回人事制度等に関する総合調査」『賃金実務』（産労総合研究所，1999：4-88）では，調査企業 6,500 社のうち（回答企業数 640 社），国内留学制度のある企業は 104 社（16％），「第 2 回人事制度等に関する総合調査」『賃金実務』（産労総合研究所，2002：4-82）では，調査企業 6,000 社のうち（回答企業数 467 社），国内留学制度のある企業は 67 社（14％），「第 3 回人事制度等に関する総合調査」『賃金実務』（産労総合研究所，2005：4-67）では，調査企業 6,000 社のうち（回答企業数 305 社），国内留学制度のある企業は 47 社（15％），「第 4 回人事制度等に関する総合調査」『人事実務』（産労総合研究所，2008：4-75）では，調査企業 3,000 社のうち（回答企業数 213 社），国内留学制度のある企業は 37 社（17％）（教育制度の中で廃止した制度の 1 位は，「国内留学制度」（44 社）であった），「第 5 回人事制度等に関する総合調査」『人事実務』（産労総合研究所，2011：4-55）では，調査企業 3,000 社のうち（回答企業数 193 社），国内留学制度のある企業は 19 社（10％），「第 6 回人事制度等に関する総合調査」『人事実務』（産労総合研究所，2014：7-57）では，調査企業 3,000 社のうち（回答企業数 243 社），国内留学制度のある企業は 17 社（7.0％），「第 7 回人事制度等に関する総合調査」『人事実務』（産労総合研究所，2017：6-56）では，調査企業 3,000 社のうち（回答企業数 199），国内留学制度のある企業は 10 社（5.0％）存在した。

　リーマンショック（2008 年）以降の調査である第 5～7 回の「人事制度等に関する総合調査」での国内留学制度のある企業は，19 社（10％）（第 5 回），17 社（7.0％）（第 6 回），10 社（5.0％）（第 7 回）と，第 1～4 回までの国内留学制度のある 104 社（16％）（第 1 回），67 社（14％）（第 2 回），47 社（15％）（第 3 回），37 社（17％）（第 4 回）から，かなり減少している。

　慶應義塾大学大学院経営管理研究科（2009）による調査では，回答企業数 150 社のうち，国内のビジネススクールへの派遣のみを実施しているのは 36 社，海外と国内の両方への派遣を実施しているのは 37 社であったことから，合計

で 71 社が国内のビジネススクールへの派遣を実施していた。この調査が行われたのは，リーマンショック直前の国内のビジネススクールへ派遣する企業が比較的多かった時期である。

　［企業調査］において海外 MBA 派遣を実施する企業のうち，2 社しか国内 MBA 派遣を実施していなかった（資料 1：問 18）。海外 MBA 派遣をしない企業のなかでは，12 社（19%）が国内 MBA 派遣を実施していた（資料 2：問 4）。合計すると，14 社が国内 MBA 派遣制度を実施している。

　金（2009）の調査では，国内 MBA 派遣を実施するのは，34 社のうち 8 社であるが，その派遣内容の一部を明らかにしている。国内のビジネススクールへの派遣人数は，毎年平均 6 人程度であり，派遣目的は，約 9 割の企業が専門知識や経営管理能力の修得のためである。支援策は学費の免除（100%），選抜方法は，公募と指名が半々である。企業が制度を実施している理由は，優秀な社員が急に退職してビジネススクールに行くケースが過去にあったため，優秀社員の流出を防ぐ予防策として実施している，MBA 学位を取得したい人たちのためのガス抜き，異なる世界を見ることによるリフレッシュ効果であった。

　また企業は，国内 MBA ホルダーは MBA 学位というプロフェッショナル資格を持っていると考えてはいるが（約 6 割），彼らを活用するような努力や工夫をしない企業が約 4 割存在し，人事上の優遇もない企業が約 5 割であった。国内 MBA ホルダーの採用人数を増やしたいと考える企業は約 2 割であり，彼らを必要としないという企業は約 4 割であった。

　国内 MBA 派遣制度については，リーマンショック以降，海外 MBA 派遣制度と同様に，派遣者数が減少している。今後，派遣者数が増加する可能性のあるのは，国内のエグゼクティブ MBA（管理者向け短期ビジネススクール）への派遣である。［企業調査］における海外 MBA 派遣制度を実施しない企業のなかでは，すでに 16 社（25%）が国内のエグゼクティブ MBA への派遣を実施している（資料 2：問 4）。短期間の派遣でコストも安いため，国内 MBA 派遣制度よりも活用しやすいのである。

注

1) 1986年の「フォーチュン500」の企業206社を対象としたアメリカの調査では，82％の企業はすでに大学の経営者（管理者）教育を利用していた。アメリカのトップスクールである12校のプログラムが主に企業に利用されるなか，ハーバード大学が57％と突出して高かった（Fresima, A. J., Associates, 1988：49-51, 95）。

2) 「中国ビジネススクールの人気が急上昇」『日経ビジネスonline』2007年12月14日

3) 最初のMBA留学体験記は，『ハーバード・ビジネス・スクールにて』（土屋，1974）であるが，その出版数は，1990年代に最も多かった（金，2002：11）。

6. 海外 MBA 派遣制度の構造

(1) 派遣目的の成り立ち

　海外 MBA 派遣制度の派遣目的には，人材育成や修得スキルからの視点など，多様な目的が存在する。［企業調査］では多様な目的は大まかに，MBA ホルダーを育成するための目的（「人材の育成目的」）と，制度が存在することで，企業に多様なメリットをもたらす目的（「制度の誘因目的」）の2つに区分した。

　［企業調査］における「将来の経営幹部の育成」と「将来のグローバル・マネジャーの育成」は，人材の育成目的に，「優秀社員の獲得（制度があるため）」と「若手社員のインセンティブ効果」は，誘因目的に区分できる。上記の全ての派遣目的に対して，企業は「やや重要」「重要」と考えている（資料1：問1）。

　制度の中核要素である派遣目的の2つの区分は，制度の構造を探るうえで，キイとなる構成要素である。派遣目的は，制度の体系化（図表 1-6 参照）において，最初の構成要素として位置するため，次に続く，MBA ホルダーに期待される修得スキル，派遣者の応募条件，選抜，派遣中の処遇，中間フォロー，帰国後の報告，MBA ホルダーの帰国後の処遇までの全ての構成要素に影響を与え，MBA ホルダーの退職・継続勤務が変わってくる。

　派遣目的の2つの区分は，派遣目的と一言でいいながらも，目的の対象や成果が異なるため，企業は2つの派遣目的にはなかなか気付きにくい。制度の表向きの目的である人材の育成目的は，全ての企業に存在するが，制度の誘因目的は，派遣目的とまでは言えないと考える企業は少なくない。そこで，2つの派遣目的の成り立ちについて，日本的経営との関係を含めて，以下で検討してみよう。

① 制度の誘因目的

　制度の誘因目的は，海外 MBA 派遣制度が開始されるとともに，制度の存在に付随する派遣目的であった。企業は，この目的をあえて派遣目的として定めることはなく，人材の育成目的だけを，制度の表向きの派遣目的としている。金 (2002) によって，育成目的とインセンティブ目的という 2 つの派遣目的が指摘された時点から，現在までその傾向は変わらない。

　制度の誘因目的の成り立ちを探るためには，制度の開始時期と，当時の日本的経営との関係を探ることが必要である。日本的経営の特徴については，多様な視点からの調査・分析が存在する。その原点とも言えるのが，アベグレン (Abbeglen, J. C., 1958) が，終身雇用，年功序列，企業別組合が，日本的経営の特徴であると指摘したことである。アベグレンは，日本は欧米の工業技術を単に真似ることなく，日本の価値観に基づいて再構築してから組織に取り入れたことが，日本の産業が成功した原因だと主張した。日本的経営の 3 つの特徴は，歴代の皇室における皇位継承の標とされる宝物になぞられて，3 種の神器と呼ばれている。

　アベグレンの調査が公表された時期は，日本企業で海外 MBA 派遣制度が開始された時期と重なっている。海外 MBA 派遣制度も当然，終身雇用と年功序列という日本的経営の特徴を強く受けていた。終身雇用や年功序列を前提として勤務する社員に対する報酬的役割を担う制度の誘因目的が始まった。制度が開始された 1950 年代は，MBA というもの自体，企業にとって不明であったため，海外で勉強してみたいという社員のために，制度の誘因目的を意図し，制度の開始を試みた。制度が開始されたのは 1950 年代前半からであるが，開始した企業数が最も多かったのは，1960 年代前半であった。制度の開始は，1990 年代後半まで続いた (金，2002：35)。

　筆者が入手した「ニューヨーク大学卒業生名簿 (1997 年版)」によると，最初の日本人がビジネススクールを修了したのは，1954 年であった。1954〜1955 年の間に 5 人が修了し，1960〜1970 年には 15 人が修了している。続いて1971〜1980 年には，36 人が修了した。1950 年代に修了した卒業生の一人は，

ニューヨーク大学の同窓会で，「自分は企業からの第一期の企業派遣者であった」と話していた（金，2002：4-5）。彼がニューヨーク大学を卒業したのは，日本企業が海外 MBA 派遣制度を開始した時期であった。

　制度が開始されて以降，社会では MBA に関する出版物が増加した。MBAガイドブック，MBA キャリア紹介書，MBA 研究書の中でも，MBA ホルダーの留学体験に関する本の出版数は，最初の MBA 留学体験記（土屋，1974）以降，1990 年代にピークを迎えている（金，2007：28-30）。

　企業での海外 MBA 派遣制度が開始されたことに加え，私費で留学するビジネスパーソンが増加した。MBA 留学に関する情報が少なかった当時，個人的な留学体験記は，留学を考えるビジネスパーソンにとって，貴重な情報源であった（金，2007：28-30）。

　1970〜1980 年代の日本的経営の強い影響下では，社会での MBA 留学の人気の高まりとともに，制度の誘因目的は，若手社員や入社希望者を対象に，その効果を十分に発揮していた。

　後にアベグレンは，日本企業に対する調査を再び行い，日本的経営の 3 つの特徴はほとんど変わっておらず，日本的経営の強さを支える源泉になってきた価値観と慣行を維持していると主張した（Abbeglen, 2004）。しかし社会では，強すぎる日本的経営の特徴は，企業に問題視されるようになっていた。

　例えば，日本的経営組織の強みを阻害するのは，組織の劣化（重み）であるという主張がある。通常の組織運営や創発的戦略の生成・実現に際して，ミドル・マネジメント層が苦労する組織を「重い組織」と呼び，組織劣化の制度を組織の〈重さ〉と呼んでいる（沼上・軽部・加藤・田中・島本，2007）。

　日本的経営の強い影響を受けて開始された制度の誘因目的は，2000 年以降は日本的経営が時代に合わなくなってきたこともあり，1970〜1980 年代ほどの効果が見込めなくなっていた。そこで企業に注目されたのが，人材の育成目的であった。

② 人材の育成目的

　人材の育成目的の内容は，時代とともに変化している。人材の育成目的が企業に注目された背景には，1970〜1980年代の日本企業において，高度な専門能力の処遇，育成や組織運営の柔軟化のための専門職制度への企業の関心が高まり，社員全員の専門職化，専門職の設置などが進められたことがある。

　日本で最初に専門職を導入した三菱電機が，1981年に専門職制度を廃止して以降，高い専門能力保持者を「スペシャリスト」と呼ぶ考え方が社会に広まった。その後，「スペシャリスト」から「プロフェッショナル」という考え方への移行が始まったのは，1990年代のバブル経済崩壊以降であった。世界的なIT革命や成果主義の流行とともに，「スペシャリスト」という専門知識を重視する人材像が，専門性を成果に結びつけることを可能にし，専門以外の分野や経営管理能力にも精通する「プロフェッショナル」と呼ばれる人材像へと変化した（金，2001：24-25）。

　企業の期待する人材像の変化は，当然，海外MBA派遣制度における人材の育成目的にも影響を与えた。例えば，〔企業調査〕における「将来の経営幹部の育成」（資料1：問1）という目的の内容は，バブル経済崩壊以前は専門性の高いスペシャリストの育成を指していたが，その後は，成果の発揮を重視するプロフェッショナルの育成を目指すようになった。

　1990年代に入ると，企業の課題であるグローバルな人材育成の焦点が，国際要員ではなく，海外拠点の優秀な管理者を含めたグローバル要員の認定と育成，そのためのグローバルなローテーションへと変化した。1970〜1980年代のエクスパトリエイト（expatriates），海外出向者，海外勤務者，国際要員の育成課題から，1990年代には，日本企業でのグローバル競争の激化とともに，グローバルな環境で活躍できるグローバル・マネジャーの育成課題へと変化した。

　海外MBA派遣制度の派遣目的として，グローバル・マネジャーやグローバル・リーダーと呼ばれる人材育成が重視されるようになった。〔企業調査〕における「将来のグローバル・マネジャーの育成」は，「将来のプロフェッショ

ナルの育成」と同様に，企業が重視する育成目的になっていた（資料1：問1）。

　しかし，金（2002）の調査では，派遣目的の「将来のグローバル・マネジャーの育成」が企業に最も重視されていた。［企業調査］においては，将来のグローバル・マネジャーの育成よりも，将来の経営幹部の育成の方が重視されている（資料1：問1）。グローバル・マネジャーは経営幹部の一部に含まれる，または，国内・海外で成果を出せるプロフェッショナルである「グローバル・プロフェッショナル」の育成へと，企業の課題が変化したからである。企業の考えるプロフェッショナル人材が成果をだす場としての海外・国内の区分が，世界の急激なグローバル化によって，意味をなさなくなってきたのである。

　制度の誘因目的にはプラスに働いていた日本的経営の特徴であったが，人材の育成目的に対しては，企業と MBA ホルダーとの関係に影を落としている。MBA ホルダーとの関係における日本的経営の特徴とは，新大卒一括採用，終身（長期）雇用，内部昇進，年功序列，平等主義，現場主義，ボトムアップ，普通人の経営（全員経営）であった（Yoshihara, H., Okabe, Y., Kim, A., 2011）。企業と MBA ホルダーの間に生じる意識ギャップこそ，MBA ホルダーが日本企業を退職する原因だったと主張する研究もある（金，2002）。加えて，日本的経営の特徴は，MBA ホルダーだけに限らず，外国人（現地人）と女性の活用をも妨げていた（吉原，2015：288-290）。

　例えば，日本的経営の特徴として，人材育成の視点からは，タテ社会や「イエ」を中心とする人間関係が強いことは，対立でなく並立を生み出す原因であり（中根，1967），「ウチ」の壁は破りにくいことや（中根，1972），日本社会では個人が小集団的規制に常に従い，全体が力学的にバランスをとろうとする動きが指摘されている（中根，1978）。日本的経営の別の視点からは，東アジアの経済発展の裏にある儒教文化の影響によって，集団主義的な傾向が強いことが指摘されている（金日坤，1992）。そのため，日本的経営の特徴は，人間平等主義（中根，1967）や，人本主義企業（伊丹，1993）と言われてきた。

　人間関係を中心とする集団主義的な傾向は，組織の中の個人の能力の突出や活用を妨げる傾向が強い反面，集団としての一般社員の活用を中心に考えやす

い。MBAホルダーのような企業の「ソト」（「ウチ」の反対：中根，1972）にあるビジネススクールで教育を受けてきた社員は，タテの社会や儒教文化が存在する企業全体の力学に反発しやすいと考える。日本企業は，集団主義に反発する社員を排除する傾向が強くなり，反発する社員は退職してしまう。MBAホルダーだけに限らず，女性や外国人にもこの傾向は当てはまる。

　制度を実施する企業には，MBAホルダーの退職者を減らすために，MBAホルダーとの関係を見直し，双方の間の意識ギャップを解消するよう試みる企業もある。例えば，MBAホルダーの帰国後の処遇を工夫し，彼らの不満を減らすことである。

　2000年以降は，国内のビジネススクールが本格的に開始されたのを契機に，企業のMBA派遣先の選択肢が，海外から国内へと広がり，この制度を見直す企業が多くなった。その結果，海外と国内への派遣の2本立て，国内だけの派遣に切り替えた企業もある。

　ところで，［企業調査］における7社の企業は，すでに制度を廃止していた（資料2・問1）。その理由として，「高いコスト」の次に指摘されていたのが，「社内にMBA人材を必要としていない」という，人材の育成目的が企業に必要とされていない傾向であった（資料2：問3）。

　制度を継続させるためには，人材の育成目的と制度の誘因目的の両方が，車の両輪のように，ある程度は機能することが必要である。一方の目的ばかりを重視するのであれば，企業は制度に見合うだけの成果がなかなか得られない。そのため，制度の育成目的の内容を時代に即したものへと調整しながら，2つの派遣目的の成果について，バランスよく検討していく必要があろう。

(2)　海外MBA派遣制度の構造

　［企業調査］と［MBA調査］において，海外MBA派遣制度の各構成要素の内容を示したのが，図表6-1である。以下では，各構成要素の内容と，その関係性について考察しよう。

　最初の構成要素である派遣目的は，人材の育成目的と制度の誘因目的に区分

図表 6-1　海外 MBA 派遣制度の構造

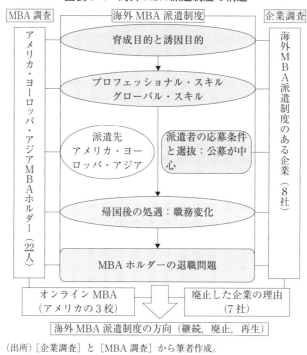

（出所）〔企業調査〕と〔MBA 調査〕から筆者作成。

できる。人材の育成目的である「将来の経営幹部の育成」「将来のグローバル・マネジャーの育成」は、「MBA に期待される修得スキル」として、「将来の経営幹部の育成」にはプロフェッショナル・スキルとしての「経営管理能力」と「専門知識」、「将来のグローバル・マネジャーの育成」には、グローバル・スキルとしての「英語力」「国際センス」「国際的人的ネットワーク」が期待されている（資料 1：問 1, 問 3）。

　制度の誘因目的である「優秀社員の獲得（制度があるため）」「若手社員のインセンティブ効果」が重視される傾向は、「会社案内（カタログ）への記述」「社員募集（ホームページ）への記述」「就職情報サイトへの記述」を重視する企業が存在することに表れている。なお、派遣目的の「古くから派遣を行っているため」という理由を重視する企業は、制度の継続的・安定的な運営を重視する

ため，今後も制度を廃止する可能性は少ない（資料1：問1，問2）。

　派遣者の人選方法は，制度の誘因目的の効果が直接的に表れやすい「公募のみ」とする企業が最も多い（資料1：問5⑴）。指名や推薦による人選方法では，多くの若手社員の参加を重視する公募による制度の誘因効果が少なくなる。公募では，「企業が育成したいと思う人材を選びにくい」「企業が派遣したいと思う人材は，あまり海外に行きたがらない」という［企業調査］での意見もあるが，「この制度の性質上，社員の選抜は公募でなければならない」という企業の意向は強い。制度の誘因目的を最も効果的に発揮するのが，公募による人選方法なのである。

　制度への応募者の傾向は，毎年1～2名の少数派遣に対して，社員からの応募は，毎年1～4倍程度は存在するが，その傾向は増えていない。選抜要因は，「本人の意欲」や「面接」が重視されるため，企業が育成したい人材を選抜することは難しい（資料1：問5⑵⑶⑷⑸）。

　派遣者は留学前の英語力を向上させるため，「個人の英語勉強への資金援助」「日本での英語学校・予備校への派遣」など，企業に手厚く支援されている（資料1：問5⑺）。企業からの手厚い支援は，制度の誘因目的のためには有効的な手段である。

　派遣者の意思を最も重視する制度であるため，派遣先もある程度自由であるが，ビジネススクール・ランキングは重視されている（資料1：問4⑷）。派遣先は，アメリカ，ヨーロッパ，アジア諸国のビジネススクールから自由に選択できるが，MBAホルダーの中での差別化を狙って，派遣者が少ないアジア諸国を選択する派遣者もいる。

　なお，企業に応募する派遣希望者の中に，女性が何人程度含まれているかは不明だが，派遣に応募する女性の数はもともと少ない。「女性である自分が派遣者に選ばれる可能はほとんどなかったため，海外MBA派遣制度のあった企業を辞めて，自費でエグゼクティブMBAに留学した」という女性のエグゼクティブMBAホルダーの意見が，［MBA調査］から聞かれている。今後も，女性の派遣者を増やしたいという企業の意向は少なく，1社平均の女性の派遣

の MBA ホルダーの数は，2 人だけであった（資料 1：問 13⑵）。

　公募制度に派遣希望者が応募する時点から，男性が中心の制度である傾向が強い。女性の場合，企業を辞めて私費で MBA 留学をするケースが後を絶たないと，［MBA 調査］において聞かれている。

　ところで，人材の育成目的と，その目的が反映された MBA ホルダーに期待される修得スキルが重視されるのであれば，それは当然，MBA ホルダーの帰国後の処遇に反映されるのが，制度の自然な流れである。しかし，MBA ホルダーの帰国後の給与・職位・配置はほとんど変わらず，変わる可能性があるのは，職務だけである。その理由は，「派遣者も一般社員も仕事の成果しだい」であり，「入社後取得の大学院の学歴評価は行わない」「一般社員とのバランスをとるため」であった（資料 1：問 11）。

　企業は，公募による人選方法で派遣された社員を優遇する必要はないと考える。企業の処遇システム上，大学院の学歴評価を行うことはできないため，MBA 学位の取得者であっても例外ではない。また，企業にとって重要なのは，多数を占める一般社員であり，ごく少数である MBA ホルダーを優遇することはできないのである。

　以上のような制度の構造として，人材の育成目的は，MBA ホルダーに期待される修得スキルに影響を与えている。しかし，制度の誘因目的こそが，派遣者の応募条件や選抜を決定する要因になっている。人材の育成目的と MBA ホルダーに期待される修得スキルは，MBA ホルダーの帰国後の処遇に反映されることが必要であるが，MBA ホルダーの企業内活用は，それほど重視されていない。

　制度の構造の中では，人材の育成目的と制度の誘因目的の両方が，それに続く MBA ホルダーに期待される修得スキルから，派遣者の処遇までの各構成要素に影響しているが，その度合いは構成要素ごとに異なっている。

　各構成要素は，どちらかの派遣目的からの影響を強く受けるため，一方の派遣目的が全ての構成要素を貫くような，一貫した制度の構造になっていない。例えば，人材の育成目的しか，企業が期待する MBA ホルダーの修得スキルに

影響を及ぼすことはできず，制度の誘因目的は，MBA ホルダーの修得スキル
とはほとんど関係がない。また，人選方法の公募に最も影響を及ぼすのは制度
の誘因目的であり，人材の育成目的が与える影響はほとんどない。MBA ホル
ダーの帰国後の処遇は，企業ごとに異なるが，人材の育成目的が直接に影響を
与えにくい構造になっている。複雑な制度の構造が，企業にわかりにくいと思
われる原因であろう。

　そもそもこの制度は，表向きの派遣目的である人材の育成目的を達成できる
ような流れを持つ構造で設計されていない。そのような制度の構造を求めるの
であれば，派遣者の人選方法は，指名や推薦が，公募よりもふさわしい。しか
し指名や推薦では，公募ほどの制度の誘因目的は果たせない。企業にとっての
ジレンマであるため，公募と指名，公募と推薦を並行して派遣者の選抜を行う
企業は存在する。しかし，指名・推薦だけを人選方法とする企業はない。

　人材の育成目的を重視するのであれば，その成果のために最も重要なのが，
MBA ホルダーの帰国後の処遇である。企業が指名・推薦した派遣者は，企業
命令で派遣させたため，当然，彼らの帰国後の処遇は，彼らを活用できるよう
考慮しなければならない。

　一方，制度の誘因目的を重視するのであれば，本人の意欲が最も重視される
公募による人選が中心になり，彼らの意欲に従って，可能なかぎり自由に派遣
させることが制度の目的になる。［企業調査］から明らかになったように，企
業は派遣者から感謝してもらいたいとさえ思う。そのため，MBA ホルダーの
帰国後の処遇は，考慮する必要はあまりないと考え，彼らの仕事での業績次第
で評価したいと考える。

　以上のような構造を持つ制度の問題点は，帰国後の MBA ホルダーが退職し
やすいことである。退職者がいない企業もある反面，MBA ホルダーが全て退
職してしまった企業も存在する。

　MBA ホルダーが退職してしまうことは，この制度の問題点として指摘され
ている（資料1：問16）。人材の育成目的を重視する企業の場合，この問題は特
に注視されやすく，その結果，すでに派遣を廃止してしまった企業もある。制

度を廃止した企業が指摘する制度の問題点は，高いコストであったため（資料2：問2），制度を廃止した企業が，人材の育成目的だけを念頭に制度を考慮するのであれば，費用対効果はコストに見合わなかっただろう。

その反面，制度の誘因目的を，人材の育成目的以上に重視する企業は，公募による人選方法だけを選択し，MBA ホルダーの帰国後の処遇は，それほど考慮する必要なないと考える。その結果，MBA ホルダーの退職者が多くでやすくなり，彼らの半数以上，または全ての MBA ホルダーが退職してしまった後でも，制度の運営は続けていけるのである。

(3) 退職意識と退職の構造

制度の問題点である帰国後の MBA ホルダーが退職しやすい傾向に関する，① MBA ホルダーのコミュニティの問題点，② MBA ホルダーの退職意識の変化，③ 制度の退職の構造，について以下で検討する。

① MBA コミュニティ

日本での MBA ホルダー数の増加とともに，MBA ホルダー同士の共同体であるコミュニティの形成が活発になった。MBA ホルダーのコミュニティの代表的なものは同窓会であるが，同窓会の中にも，同じ関心事を持つ小さなサブ・コミュニティがいくつも形成され，各グループが自由に活動するようになった。

各ビジネススクールに異なる同窓会が存在するのは一般的であったが，現在では同窓会の枠を超えて，同じ留学地域の修了生同士，同等のスクールランキング修了生同士，エグゼクティブ MBA ホルダー同士など，多様なコミュニティが存在する。IT 技術やウェブを活用したコミュニティの細分化や拡大が容易になるにつれ，蜘蛛の巣のように複雑な構造を持つようになった。

ネットを通じたビジネススクールの同窓会は，世界中でも結びついている。コミュニティの細分・拡大化が進むにつれ，コミュニティの企業スポンサーの獲得，修了生同士の起業とサポート，修了生の転職支援など，コミュニティの活動内容も進化した。趣味の集まりである旅行，勉強会，本の執筆などのサブ

グループを持つようになった。

専門分野や知識が重なり合うコミュニティである「ポッセ（同じ志をもつ仲間）」は，知的資本と人間関係資本を組み合わせることにより，将来成功するために必要な人的ネットワークだとする主張がある。彼らと結びつくことで，発想をシフトすることができる。ポッセは比較的少人数のグループで，声をかければすぐに力になってくれる面々の集まりでなくてはならない（Gratton, 2011：訳書：301-309）。MBA ホルダーのコミュニティは，「ポッセ」の典型的な例である。

MBA ホルダーのコミュニティの中でも，海外と国内のビジネススクール，アメリカ・ヨーロッパとアジア諸国のビジネススクール，MBA ホルダーとエグゼクティブ MBA ホルダーによるコミュニティの境界線は明確である。同じMBA ホルダーとはいえ，コミュニティが交わることはほとんどない。

MBA ホルダーのコミュニティには，メリットばかりではない。MBA ホルダー同士の関係は，比較的緩いが，細分・拡大・複雑・自由化が進むうち，参加者同士のトラブルや，外部からの接触者や関連企業との摩擦も存在する。修了生同士の緩いつながりは，徐々に排他的なコミュニティを形成していく。一方，MBA ホルダーのコミュニティ化を好まない MBA ホルダーもいる。コミュニティに出席しない MBA ホルダーからは，「MBA ホルダーのコミュニティは，日本社会を凝縮したようなものだ。グループ活動が中心で，とても日本的である」という意見があった。

コミュニティが拡大するにつれ，組織として機能するための規則や罰則が生まれ，修了生同士の問題も生じてくる。「同じ同窓会に生涯所属することになるのだから，同じビジネススクールへ留学する人の人選には，慎重になってもらいたい」という［MBA 調査］での MBA ホルダーからの意見もあった。コミュニティに参加するメンバーが固定化してしまうなど，コミュニティが組織化するにつれ，メンバーの流動性や多様性を維持することは難しくなる。

強まりつつあるコミュニティの存在が，派遣の MBA ホルダーにとって問題なのは，一部の MBA ホルダーの華々しいキャリアや転職情報の共有によって，

キャリアや転職に関する良い面ばかりが強調されやすいことである。転職に関する多様な情報に啓発され，むやみに転職や起業への意欲を誘因される可能性がある。なかでも，企業内であまり活用されていないと感じる派遣の MBA ホルダーの場合，同じ大学の修了生である MBA ホルダーからの転職情報や転職への誘因は，退職意識が簡単に高まりやすく，実際の退職への引き金となりやすい。

コミュニティの中では，MBA ホルダーのキャリアや転職への関心は常に高く，そのための情報交換会でもある。私費の MBA ホルダーからのキャリアや転職に関する情報は，派遣の MBA ホルダーにとっては新鮮で，自身の状況との比較対象になる。MBA ホルダーの中ではすでに少数派になりつつある派遣の MBA ホルダーにとって，私費の MBA ホルダーが中心となるコミュニティの存在は，仕事への不満を持つ派遣の MBA ホルダーの転職を後押しする。

［MBA 調査］での派遣の MBA ホルダーからは，「アメリカで私費の MBA ホルダーに接することによって，仕事に対する意欲や考え方が，派遣された自分とは全く異なることに驚いた。とても良い刺激になり，自分のキャリアを見直すきっかけになった」「私費で留学していた MBA ホルダーのように，自分も企業に縛られずに留学できたらよかった」という意見があった。

② 退職意識と退職の構造

金（2004）の調査では，私費の MBA ホルダーの転職意識は，派遣の MBA ホルダーよりも，かなり高かった。私費の MBA ホルダーの転職意識を調査した結果，彼らの約半数が転職を考えており，転職を考える彼ら全員が，今後 2 年間のうちに転職する可能性が 30％以上あるという。派遣の MBA ホルダーが転職を行う理由は，彼らの修得スキルを活用したいためである反面，私費の MBA ホルダーの場合，高い給与や職位に魅力を感じるからであった。

MBA ホルダーは，私費・社費にかかわらず，MBA 学位が転職に役立つため，一般社員よりも転職しやすい。そのため企業は，転職しやすい私費の MBA ホルダーを中途採用するよりも，企業内から社員を内部育成する方向を選択した

のが，海外MBA派遣制度の始まりでもあった（金，2002）。

　そこで，MBAホルダーの派遣前・派遣中・派遣後までの退職意識の変化と，MBAホルダーが退職しやすい制度の構造について，以下で考察してみよう。

・MBAホルダーの退職意識の変化

　［MBA調査］と［企業調査］をもとに，派遣のMBAホルダーは，派遣前から派遣後までに，どこで退職意識を抱き，その退職意識はどのように変化し，その結果，どのような方向に向かうのかを示したのが，図表6-2である。［MBA調査］においてMBAホルダーに，退職に関する意識を尋ねたところ，大まかに図表のような傾向に分かれることが判明した。

図表 6-2　MBAホルダーの退職意識の変化

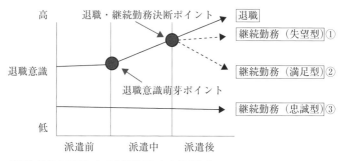

（出所）［MBA調査］と［企業調査］から筆者作成。

　海外MBA派遣制度に応募する社員は，もともとある程度の退職意識が存在している。派遣者はキャリアに対する向上心が一般社員よりも高いからである。［MBA調査］でのMBAホルダーからの意見によると，「MBAホルダーは常に在職企業よりも，よりよい転職機会を狙っている」という。

　派遣者の退職意識を最も刺激しやすいのは，留学中のビジネススクールでの学習や，同級生との交流である。同級生には，当然，日本人の私費の学生も含まれる。企業を退職して留学してきた同級生の高いキャリア意識に触れるたび，卒業後はキャリアアップしたいという考えは強くなる。加えて，ビジネススク

ールでの学習によって，派遣先企業の抱える問題を探ることで，将来の自己の
キャリアを客観視するようになるため，退職意識は徐々に高まっていく。[MBA
調査] によると，派遣の MBA ホルダーが留学中に退職するケースはほとんど
なく，一旦は帰国して，企業の自分に対する処遇を見極めてから退職を決めて
いる。

　図表6-2の矢印の途中にある，派遣者の退職意識が高まり始める留学時を「退
職意識萌芽ポイント」と呼ぶ。この時点で，派遣者は初めて企業外部の世界に
触れ，退職意識が萌芽する。

　その後，ビジネススクールでの学習が終わり，帰国する時を，「退職・継続
勤務決断ポイント」と呼ぶ。この時点では，留学中に高まった退職意識と折り
合いをつけることが重要になる。帰国後も派遣先企業で仕事を続けるか，新た
に転職先を探すのか，個人差が大きい。

　MBA ホルダーが退職意識を最も強く意識し，企業での行動を決めるのが，
退職・継続勤務決断ポイントである。企業の処遇に我慢がならない場合，帰国
後も留学中の気持ちのまま高揚している MBA ホルダーは，帰国後すぐに退職
を決断しがちである。帰国後に数年間も活用されないまま，キャリアを潰され
たくないと考えるのである。

　例えば，派遣先企業からの退職経験のある MBA ホルダーは，「自分は派遣
される以前から，企業を退職したいと思う気持ちがあった。それが確実になっ
たのが，帰国後の処遇である。企業の自分に対する対応を見極めてから，留学
前に企業との契約書にサインさせられた留学費用を全額返済してでも，すぐに
退職したかった」と，[MBA 調査] において述べていた。さらに，「本当は，
派遣後まで待たず，留学中に退職するべきであった。そうしたら，留学中に派
遣先企業のことを足かせに思うこともなかった。私費留学者のように，もっと
自由に異なる視点で勉強できたと思う。今では，退職時期が遅かったことを後
悔している」という。この MBA ホルダーは，留学費用を全て返還して，帰国
後すぐに派遣先企業を退職していた。

　企業の MBA ホルダーに対する帰国後の処遇が，彼らの退職を決断させてい

る。しかし，企業が処遇できるのは職務が中心で，給与や昇進を優遇すること
は難しい。制度の誘因目的を重視する企業や，大学院の学歴評価はしない企業
が，MBAホルダーを優遇することはない。MBAホルダーと一般社員とのバ
ランスをとることが最も重要で，仕事で成果をだせれば優遇する意向である。

　このような企業の態度は，MBAホルダーの退職意識を高めてしまう。一生
懸命勉強して帰国して，留学での経験を仕事で活かしたいと考えるMBAホル
ダーにとって，企業の彼らに対する帰国前とあまり変わらない処遇は，理解で
きないどころか，失望してしまう。一部のMBAホルダーは帰国後に，企業に
冷遇されていると考える。このタイプのMBAホルダーを「失望型」と呼ぶが，
帰国後数年もすると，帰国直後の高揚した気持ちも収まり，退職意識もある程
度減少していく。そして継続勤務を続けるのである。しかし彼らの退職意識は，
留学前よりも高まっているため，常に転職する機会を伺うようになる。

　失望型の逆のタイプとして，企業が帰国後のMBAホルダーを優遇するケー
スでは，MBAホルダーの企業への満足感の高まりとともに，退職意識が減少
していくタイプを，「満足型」と呼ぶ。帰国後は失望型と同様に，退職意識は
ピークに達するが，企業が自分を優遇する及び活躍できるような職務を与えて
くれる場合，そのまま企業に残って，継続勤務を続けるのである。しかし彼ら
は，企業に残ったとしても，失望型と同じように，企業に対する不満が少しで
も高まれば，転職の機会を伺っている。

　失望型と満足型に類する継続勤務を行うMBAホルダーの他に，「忠誠型」
に類するMBAホルダーがいる。［MBA調査］において忠誠型だと思われる
MBAホルダーは，「自分は企業に育ててもらったと実感しているので，あえ
て転職する必要は全くない。この企業のために，もっと頑張りたいと思う」と
述べていた。もう一人の忠誠型だと思われるMBAホルダーは，「企業を退職
しようと思うこと自体，留学中に思い浮かぶことはなかった」という。

　忠誠型のMBAホルダーの一人は，制度の指名によって選抜された社員であ
る。もう一人の忠誠型のMBAホルダーが転職を考えない理由は，「自分の派
遣先の企業（金融）での給与は，もともと外資系企業での給与と変わらないほ

どに高い。そのため，他の MBA ホルダーのように，外資系への転職を考える
必要がない」からだという。

　帰国後の処遇をめぐって退職してしまう MBA ホルダーが存在するのは，あ
る程度仕方がないとしても，継続勤務を続ける MBA ホルダーの中にも，失望
型・満足型・忠誠型が存在する。失望型と満足型の MBA ホルダーは，企業か
らは，帰国数年後に，突然，退職してしまうように見える。実際には，退職意
識萌芽ポイントの時点から，企業に対する退職意識は高まっており，帰国後の
企業の対応によって，その不満がどのくらい解消されるかが問題になる。その
ため，退職・継続勤務決断ポイントの時点では，すでに企業と MBA ホルダー
の間には，意識ギャップが存在しているのである。

　なお，退職意識萌芽ポイントから退職・継続勤務決断ポイントの時点まで，
MBA ホルダーの退職意識が減少したというケースは，［MBA 調査］と［企業
調査］においては見当たらない。派遣者が留学してから，改めて派遣先企業の
良さを理解したというケースも存在するとは思われるが，稀なケースであろう。

・退職しやすい制度の構造

　MBA ホルダーが最も退職しやすい制度の構造を示したのが，図表6-3である。
派遣で育成した MBA ホルダー全員や，半数以上が退職してしまった企業にお
ける制度の構造が，これに当てはまる。

　このような企業の場合，派遣目的は人材の育成目的よりも，制度の誘因目的
を重視する。実際に MBA ホルダーの退職率の多い企業では，企業案内のホー
ムページに，制度に関する記述が存在する。人材の育成目的はあまり重視しな
いため，帰国後の MBA ホルダーの処遇は，派遣前とほとんど変わらない。そ
のため，帰国後の MBA ホルダーは，退職・継続勤務決断ポイント（図表6-2
参照）で退職意識がピークに達し，ついには退職してしまうのである。

　社員の育成目的を重視するのであれば，MBA ホルダーの退職者について，「優
秀社員の損失」「派遣コストの損失」と考える。しかし，帰国後の MBA ホル
ダーが退職しやすい構造を持つ企業においては，制度の誘因目的が重視される

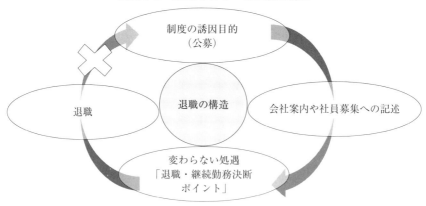

（出所）［企業調査］と［MBA 調査］から筆者作成。

ため，「退職者がでるのは仕方がない」「退職者がでても派遣を継続することに意味がある」と考える。また，「派遣者がでるため派遣を中止したい」とも考えない（資料1：問 15）。

　企業は MBA ホルダーの退職をあまり問題視しない反面，MBA ホルダーの活用に対する意欲も低くなり，双方の関係における意識ギャップは，逆に大きくなる。そのため，MBA ホルダーはますます退職しやすくなる一方，企業はそれでも制度の継続を重視する。

　帰国後の MBA ホルダーが退職してしまう傾向は，［企業調査］よりも，［MBA 調査］から明らかになった。［企業調査］では，企業はなかなか本音を出しにくい。MBA ホルダーが退職しやすい傾向は，企業のイメージダウンにつながるため，よくない影響を与えてしまうからである。

　［MBA 調査］によると，企業と MBA ホルダーが，帰国後の処遇や今後のキャリアについて話し合う機会はほとんどなく，企業からの一方的な決定が下されるだけであった。何の話し合いももたれない彼らは，不満を募らせやすくなる。すでに派遣先企業を退職した MBA ホルダーであっても，なぜ企業は彼らの帰国後に適切に処遇できなかったか，疑問に思うケースが多い。MBA ホ

ルダーが退職しやすい制度構造の中では，双方の意識ギャップは拡大する傾向
にある。そして，帰国後の退職・継続勤務決断ポイント（図表 6-3 参照）におい
て，退職へとつながりやすい。それに対して企業は，ほとんど手が打てない，
または，手を打つ必要がないと考えている。

　企業から退職した後に，起業する MBA ホルダーも少なくない。日本の若手
プロフェッショナル経営者 31 人のうち，海外 MBA ホルダーであるのは 18 人
と，半数以上であったとする分析がある。この調査では，「ビジネススクール
に行くことは必須条件ではない」（小杉，2015：48-50）と主張するが，若手経営
者の中に MBA ホルダーは少なくない。MBA ホルダーは企業の管理職として
ばかりでなく，起業家としても活躍している。また彼らが，私費か派遣のどち
らで育成されたかも不明である。

　海外の経営系大学院修了生へのヒアリング調査では，起業した MBA ホルダ
ーからの意見は，「現在は自分自身が経営者であり，人を採用する立場にある。
自分の経験からいうと，海外大学院卒の MBA ホルダーは積極的に採用したい
と思っている。海外大学院で MBA を取得するということは，計画準備段階か
ら，実際の留学期間，学位取得まで，国内大学院への就学と比べて非常に多く
の労力と忍耐力を必要とするためである。また，異文化への対応力も身に着け
られる点も重要である」という（工業市場研究所，2017）。経営者が MBA 学位
を取得していると，部下に MBA ホルダーを積極的に採用する傾向が強い。
MBA ホルダーと起業との関係は，今後の課題である。

　なお，派遣先企業を退職して，それを後悔した MBA ホルダーには，まだ出
会っていない。退職後は派遣先企業での処遇よりも良くなるケースがほとんど
であるが，それが一時的な傾向なのか，それともある期間，彼らの処遇は上が
り続けるのか。退職後の MBA ホルダーを長期間追跡することも，今後の課題
である。

③ 退職対策と継続勤務の構造

・有効な退職対策

　企業の退職対策について［企業調査］では，帰国後3〜5年以内に退職した場合，派遣コストを返還するケースが最も多いが，返還義務はないとする企業もある（資料1：問14(5)）。［MBA調査］におけるMBAホルダーからの意見では，企業の誓約書は，退職を考えるMBAホルダーには，ほとんど役立たないという。「退職するのであれば，帰国後は1年でも早い方が，次の良い仕事が見つかりやすい」からである。転職先の企業での給与で，派遣コストは十分に返還していける。「企業を退職する場合，MBAホルダーは留学中に，すでに企業を退職する意思は固まっている」という。

　［MBA調査］におけるエグゼクティブMBAホルダーからの意見では，「日本企業はMBAホルダーに見合うだけの給与は出せないだろう。外資系企業には給与面での大きな魅力がある」という。帰国後に退職するのであれば，企業が定めた派遣コストの返還期間を待たずして退職するケースは少なくない。

　「帰国後に退職者をださないために，派遣時に年齢の高い社員を選抜して，帰国後に転職できないようにしている」「帰国後の転職を避けるために，派遣者がMBA学位を取得する直前に帰国させ，学位を取得させないようにする」というのが，［企業調査］での企業からの意見である。

　一般的に企業の退職対策は，学費の返還義務に関する誓約書を作成することであるが，MBAホルダーからの意見からすると，あまり役立っていない。そこで，派遣前・派遣中・派遣後までのMBAホルダーの退職意識の流れの中で，退職対策の時期を示したのが，図表6-4である。

　MBAホルダーの帰国後の退職を避けるための対策として，最も重要なのが，派遣前の派遣者の人選である。この時点で，企業に対する忠誠心が高い社員を派遣することで，帰国後の退職者を減らすことができる。しかし問題は，企業は公募を前提とした人選を行うため，派遣したい人材を派遣できるわけではない。制度の誘因目的を重視する場合，若手社員の多くが参加可能な公募を行う必要性がある。

　公募の場合，社内での選抜が厳しいため，仕事の業績や学業面での成績が良い社員ほど，派遣者に選抜されやすい。そのような社員でなければ，世界のトップレベルのビジネススクールへの入学は難しい。また優秀な社員ほど，ビジネススクールから帰国後，企業からのよい処遇を期待する。それが果たされない場合，退職意識の高まりとともに，退職・継続勤務決断ポイント（図表6-2参照）で退職を決断する。

　加えて，MBA ホルダーのコミュニティにおける一時的には華やかに見える私費の MBA ホルダーの転職に関する情報は，帰国後の派遣の MBA ホルダーの処遇への不満をあおりやすい。退職意識が高まっている MBA ホルダーにとって，企業外部からのヘッドハンターからの転職の誘いや，同窓会での MBA ホルダーからの転職の誘いなど，転職への誘因は少なくない。

　そこで，企業の退職対策として有効であるのが，派遣者の人選方法として指

図表 6-4　MBA ホルダーの退職対策（人選）の時期

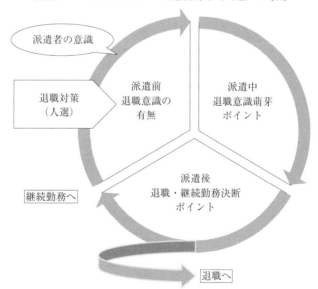

（出所）［MBA 調査］と［企業調査］から筆者作成。

名か推薦を実施することである。もしくは，公募と指名・推薦の両方を併用することである。帰国後の MBA ホルダーの退職を少なくすることを目的とするならば，忠誠心が高い社員を派遣者として選抜できる人選方法は，指名・推薦しかないのである。

［企業調査］からの企業の指摘にあるように，指名や推薦でしか選ぶことのできない社員は，公募に応募してこない可能性が高い。優秀社員ほど，国内で業績を出すことを重視する。そのため，「派遣したい社員が応募してこない」のは，公募に対する企業のジレンマでもある（資料 1：問 16）。

忠誠型（図表 6-2 参照）に類する MBA ホルダーにとって，誓約書の作成の有無は，ほとんど関係がない。企業を辞めることなど，留学中も含めて思いもよらない。彼らの人選方法は公募ではなく，指名か推薦であったことが，［MBA 調査］から明らかになっている。派遣前から企業に対する忠誠心が高い社員を派遣者として選抜することは，帰国後の MBA ホルダーの退職者を減らすためには有効な手段である。

企業の退職対策としての誓約書の存在のために，MBA ホルダーが退職を諦めるケースは少ない。「誓約書の有効期限を待って転職していたら，自分の労働市場での価値が落ちてしまう。留学費用を返還してでも早く退職した方が，転職先の外資系企業でその分稼げるし，自分のキャリアにはプラスになる」というのが，［MBA 調査］からの MBA ホルダーの意見である。

海外のトップレベルのビジネススクールからの MBA 学位の取得者であれば，年齢的にも 20 代後半から 30 代前半と若く，派遣先企業である日本企業での職務経験もプラスに働くため，MBA ホルダーを対象とした転職市場では，私費で留学した MBA ホルダー以上に有利になるケースがある。

派遣先企業を退職した MBA ホルダーの主な方向は，「日本企業への転職」が最も多く，逆に，「外資系企業への転職」は少ない（資料 1：問 14(3)）。［MBA 調査］から明らかになったのは，金融や商社などを中心に，大手の日本企業が，MBA ホルダーの中途採用について積極的である傾向である。「やはり外資系企業では，MBA ホルダーはいつでも欲しがる。どの国の MBA ホルダーであ

っても，それほど差はない」と，MBA ホルダーを中心とする就職支援会社は
［MBA 調査］で述べていた。

・継続勤務しやすい制度の構造

　帰国後の MBA ホルダーが継続勤務しやすい制度の構造は，図表 6-5 に示し
ている。人材の育成目的を制度の誘因目的以上に重視する場合，帰国後の
MBA ホルダーに対し，彼らの希望に即した処遇ができないケースでは，彼ら
は退職しやすい。また，人材の育成目的を中心とするならば，人選方法は公募
ではなく，企業が期待する人材の選択を可能にする指名や推薦が適切である。
この場合，忠誠型（図表 6-2 参照）に類する社員の選抜が最も望ましい。派遣者
に対しては，プロフェッショナル・スキルとグローバル・スキルの修得を期待
し，帰国後の処遇として，給与や昇進面での優遇が難しいのであれば，職務を
工夫することで，彼らの退職意識を減少させることができる。その職務内容は，
「国際的な職務（国内）」「国際的な職務（海外）」である（資料 1：問 12）。

　MBA ホルダーの帰国後の職務を工夫することができれば，失望型（図表 6-2
参照）に類する MBA ホルダーであっても，ある程度は納得して，継続勤務を

図表 6-5　MBA ホルダーの継続勤務の構造

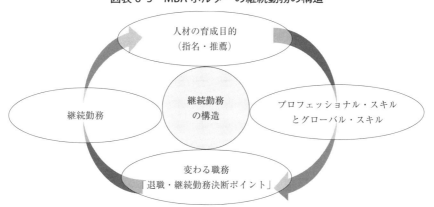

（出所）［企業調査］と［MBA 調査］から筆者作成。

選択する可能性が高くなる。継続勤務を選択したMBAホルダーの中にも，失望型・満足型・忠誠型（図表6-2参照）が存在する。満足型（図表6-2参照）に類するMBAホルダーであっても，「常に退職する機会を狙っている」［MBA調査］のである。

忠誠型（図表6-2参照）に類する派遣者の場合，退職意識が派遣中に高くなる傾向は少ない。帰国後は，どのように修得スキルを活用していくかを考える。そのため，退職・継続勤務決断ポイント（図表6-5参照）における帰国後の処遇に満足しなくても，退職を考えることはほとんどない。

忠誠心が高いという側面から派遣者を選抜する場合，彼らがはたして，企業が本当に育成したい人材であるかが課題である。優秀な人材であるほど，転職してしまう可能性が高いのは，一般的な傾向である。公募によって応募してきた中から優秀社員を選抜する方が，企業が期待する人材に近くなる可能性は高い。企業にとっては難しい判断である。

以上のように，一般的な制度の構造（図表6-1参照）は存在するが，その構造は多くの課題を抱えているため（図表6-3，図表6-5参照），モデルケースとなるような制度構造は存在しない。企業はどちらの派遣目的を重視するか，制度の費用対効果をどう考えるか，MBAホルダーの退職者に対する考え方はどうなのか，MBAホルダーの帰国後の処遇を工夫できるか，MBAホルダーの企業内活用に興味があるかなど，制度の各構成要素に対する考え方が異なっている。各企業における制度の構造はユニークなため，全ての企業に共通した解答はないのである。

⑷ 今後の研究課題

① 本書の課題

本書の残された課題として，⑴今後20年後の制度の実態，⑵海外MBA派遣制度とオンラインMBAとの関係，⑶海外と国内のMBA派遣制度の関係，という3点をあげておく。

第1は，今後20年後の海外MBA派遣制度の実態を探ることである。金

（2002）での調査時点から，約 20 年後の現在，本書で追跡調査を行った。さらに 20 年後には，何社が制度を継続しているか。全ての企業が制度を廃止してしまう可能性もある。その場合，MBA と日本的経営との関係を考えることは，すでに意味がない。今後の制度の変化を詳細に観察していくことで，日本企業の海外教育制度の変遷はもちろんのこと，オンライン MBA の導入状態も判明する。それは，グローバルな人材育成をめぐる海外教育制度を検討することである。

第 2 は，海外 MBA 派遣制度とオンライン MBA との関係を探ることである。アメリカのオンライン MBA の実態については，本書でアメリカの大学 3 校に対する調査を行った。コロナ禍後は，アメリカだけでなく，世界中のオンライン MBA の実態を探る必要がある。

第 3 は，海外と国内の MBA 派遣制度の関係を探ることである。今後は，数校の優良ビジネススクールだけが順調に運営され，多数を占める限界ビジネススクールは，消滅していく可能性がある（金，2014；Yoshihara, H., Kim, A. 2015）。国内のビジネススクールも，閉鎖や縮小が続いている法律大学院のようになっていくのか。国内 MBA 派遣制度を廃止する企業が増加する可能性もある。

［企業調査］では，海外 MBA 派遣制度を実施しない企業の派遣先として，国内 MBA 派遣が 12 社（19％），国内エグゼクティブ MBA への派遣は 16 社（25％）存在した（資料 2：問 4）。国内エグゼクティブ MBA 派遣の方が，国内MBA 派遣よりも実施する企業数が多いのは，新しい動向である。

国内 MBA ホルダーの転職意識を探った調査（金，2006）も存在するが，国内MBA ホルダーのほとんどが，フルタイムではなくパートタイムで学位を取得するため，実際に転職を行う人はそれほど多くない。彼らが MBA 学位の取得後に転職を考えるケースは，常にチャンスを狙っている，MBA の修得スキルが活かせない，給与が低いからである。加えて，彼らが考える企業の退職対策は，MBA の修得スキルを活用できる職務を与える，MBA ホルダーが働きやすい企業文化を導入する，MBA 学位を評価する，給与を引き上げることであった。

今後は，国内と海外の MBA 派遣制度の関係だけでなく，国内と海外のエグゼクティブ MBA 派遣との関係までを探る必要があろう。

② その他の課題

MBA をめぐる研究課題には，興味深いテーマが多く存在する。例えば，(1) MBA と金融化の関係，(2) MBA と女性の関係，という 2 つのテーマである。

・MBA と金融化の関係

金融化とは，「金融的動機 (financial motives)，金融市場 (financial markets)，金融的主体 (financial actors)，金融機関が，国内及び国際的な経済活動において果たす役割が増していく (the increasing role) こと」(Epstein, G. A., 2005：3) である。今日では，金融の影響力が産業界だけにとどまらず，企業，家計，政府，さらには教育への金融化の質的・量的な役割と影響力が増している[1]。なかでも金融化は MBA 教育に，どのような影響を与えてきたのか。初期のビジネススクールの教育とその成長の背後には，アメリカでの金融化という現象が深く関わっている[2]。

1980 年以降のアメリカでは，トップレベルのビジネススクールの学生の就職希望先が，事業会社から投資銀行，コンサルティングファームへとシフトした。ビジネススクールは高額の学費がかかるため，膨大な自己投資への急速な見返りを求めて，破格の給与が獲得可能な投資銀行やプライベート・エクイティファンドへの就職人気が高まった。トップレベルのビジネススクールの多くは，高額な学費に見合うだけの魅力的なカリキュラムを求めて，マーケティング中心から財務・経理中心へと転化し，その分野の著名な教授の引き抜きが激化した (柴田，2016：98-99)。

当時，金融の中心であったウォール街は，全米の一流大学から一番出来の良い学生を求めるようになり，花形トレーダーやセールスマンやバンカーの給与や成功報酬はハイペースで上昇した。金融業界の報酬は，他のどの専門職よりも高かった。金融部門で支払われる過剰賃金の 30〜50％は，個人の能力では

説明がつかず，その理由の一つが，政府の金融規制緩和政策とされていた（Johnson, S., Kwak, J., 2010：訳書：154-156）。

スタンフォード大学のビジネススクールを卒業した MBA ホルダー（1996〜98 年）の就職先と投資銀行との関係を調べたオイヤー（Oyer, P., 2008）は，MBA ホルダーは投資銀行で「働くことによって生まれる」のではなく，投資銀行によって「つくられる」と主張した。「つくられる」とは，産業自体の成長が MBA ホルダーたちの成功と強く結びついており，MBA ホルダーたちの努力や能力とは，あまり関係がないことを意味する。

ビジネススクールが成長してきた背景には，経営の専門化（プロフェッショナリゼーション），教育の金融化（ファイナンシャリゼーション），国際化の波（グローバリゼーション）など，いくつかのキイワードとの関係において探ることが可能である。MBA と金融化の関係は，ビジネススクールの成長を支えてきた重要な支柱として考察していくことが重要である。

・MBA と女性の関係

アメリカで女性の MBA ホルダーを対象にした研究が始まったのは，1970 年代からである。1971 年の有名大学 9 校のビジネススクールの女性の MBA 学生の平均比率は，全 MBA 学生の 8％台であったのが，1975 年になると，13％から 33％へと増加した（Gordon, F. E., Strober, M. H., 1978）。ニューヨーク大学のビジネススクールでは，1921 年の創立当初には，女性は全 MBA 学生の 3.3％であったのが，女性の学生数が最も伸びた 1981〜1982 年には，44.2％まで増加した（Gitlow, L. A. 1995：120）。

スタンフォード大学のビジネススクールを卒業した女性の MBA ホルダーのキャリアを探った研究では，1974 年に卒業した 34 人の女性の MBA ホルダー（クラスの 11％）に対する調査を行った。それはスタンフォード大学で，初めて女性の MBA ホルダーが，創設以降 5 人以上に増えた年であった。

その結果，女性の MBA ホルダーの方が男性の MBA ホルダーよりも，社会的に裕福な家庭の出身者が多く，女性の父親の社会的な地位が，男性の父親の

地位よりも高いことが判明した。女性の MBA ホルダーの方が，男性 MBA ホルダーよりも給与に対する期待は低いが，実際には女性と男性の MBA ホルダーの初任給（年俸）の平均は，1 万 7 千ドルとほぼ同等であった（Gordon, F. E., Strober, M. H., 1978）。

1973〜1985 年にスタンフォード大学のビジネススクールを卒業した女性の MBA ホルダーのキャリアを探った別の研究では，男性の方が女性よりも高いキャリアを積んでいる，女性の方が男性よりも，感情的なストレスを感じやすい，結婚した女性と結婚した男性を比較した結果よりも，結婚していない女性と結婚していない男性を比較した結果の方が，男女ともキャリアが高いことを明らかにした（Harrell, T. W., 1993）。

・男女の給与差

女性の MBA ホルダーの初期の研究で多いのは，給与に関する調査である。1971〜1974 年にシカゴ大学のビジネススクールを卒業した女性の MBA ホルダーの給与に関する調査では，初任給（年俸）は前職とビジネススクールでの成績に比例し，女性は男性よりも給与が低かった。その理由の一つが，女性の方が男性よりも，前職についていた期間が短いからである（Reder, M. W., 1978）。その後，1990〜2006 年にシカゴ大学のビジネススクールを卒業した女性の MBA ホルダーを調査した研究でも，給与面での男女差が確認された（Bertraid, M., Goldin, C., Katz, L. F., 2010）。

MBA ホルダーの給与に男女差が生じる傾向は，1969〜1992 年にハーバード大学のビジネススクールを卒業した女性の MBA ホルダーにも当てはまる（Goldin, C., Katz, L. F., 2008）。この調査では，結婚後の女性にとって，子供の有無と子供の数に比例して，女性の給与が減少する傾向までを明らかにした。同様に，1973〜1982 年にピッツバーグ大学のビジネススクールを卒業した女性の MBA ホルダーを対象とした調査でも，彼女たちの給与は，男性よりも低いことを明らかにした（Olson, J. T., Frieze, I. H., Good, D. C., 1987）。

1975〜1979 年に MIT のビジネススクールを卒業した女性の MBA ホルダー

を対象とした調査でも，給与面での男女差が確認されている。女性の方が男性よりもビジネス界でのストレスが高く，長時間労働であることを明らかにした（Wallace, P. A., 1989）。

MBA ホルダーの給与に男女差が生じる傾向は，今でも変わっていない。GMAC による世界中の MBA ホルダーを対象にした 2016 年の調査（"Alumni Perspective Survey 2016"）では，女性の MBA ホルダーの給与は，平均で男性の 80％しか占めておらず，ビジネススクールの卒業後 20 年間の男女差は，徐々に広がっていた（Bruggeman, D., Chean, H., 2016）。

MBA ホルダーを対象とした研究以外では，ミシガン・ロースクールの卒業生の給与に関する調査でも，男女の給与差が確認されていた（Noonan, N. C., Corcoran, M. E., Courant, P. N., 2005）。専門職を目指す高学歴の女性に共通の課題なのである。

・**女性特有の問題**

男女間のキャリアや給与の格差問題は，女性の MBA ホルダーに特有の問題だったのか。1973 年にハーバード大学のビジネススクールに入学した女性 88 人に質問票を送り，「女性たちは仕事と家庭の両方を手に入れることがはたして可能か」という問題を追求するため，その中の 6 人の MBA ホルダーに対するヒアリングを行った調査がある。「自分たち（ハーバード大学のビジネススクールを卒業した女性 MBA ホルダーたち）の取得した学位（MBA）が天国に行くための乗車券ではなく，報いも多いと同時に困難なライフ・スタイルに通じる特権と苦労が抱きあわせになった乗車券であることに，実は驚いている」（Gallese, L. R., 1985：訳書：81）という観点から，ジャーナリズムの手法で答えを見出そうとした。

1970 年代にビジネス界に進出した優秀な女性 MBA ホルダーたちの仕事と私生活の多様性と困難性，さらには，それを支えるパートナーや上司などの男性像までを活写した。「インタビューの結果，驚いたことに，仕事，結婚，子供という人生の 3 つの要素を『ほんとうの意味』で維持し，バランスさせてい

る女性はごくわずか，ほんのひと握りしかいないことがわかった。一見すべてうまくこなしているように見えても，もう一歩突っ込んでみるとなかなかそうではないことが多かった」(Gallese, L. R., 1985：訳書：296) と結論する。

　この時期に成功を求める女性たちは，「仕事のために，自分の私的時間や人生そして感情的なエネルギーを犠牲にすることをいとわない。この特徴は，青年重役の仕事ぶりと少しも変わることがないといえよう。彼女たちも，いわゆる"仕事中毒者（ワーク・フォリック）"である」(山田, 2008：27) という意見がある。

　女性にとって仕事，結婚，子供のバランスをとって生活を送ることは，高いキャリアである女性ほど難しくなる (Gallese, L. R., 1985)。そのバランスこそが女性の幸福と深く結びついており，男性よりも生活に深い満足感を得やすい。しかし当時は，女性の社会的な進出と活躍が期待されるなか，仕事面での男女差や家庭の問題に日夜苦悶しながらも，つくられた"女らしさ"の幻想を砕き，女性が自立し，男性と同等の権利と責任をもって生きることが主張された時代であった (Friedan, B., 1977)。

　研究の初期の頃に解明された MBA と女性をめぐる課題の多くは，女性全体に共通する課題だったのか。それとも，MBA ホルダーだからこそ直面しやすい課題だったのか。その問いに結び付くような調査・研究は，まだ見つかっていない。

注

1) 金融化と高等教育との関係は，Eaton, C., Habinek, J., Goldstein, A., Dioun, C., Godoy, D. G. S., Osley-Thomas, R., (2016) が，金融化の高等教育全体への影響について分析している。金融化と MBA ホルダーとの関係は，柴田 (2016：97-100) が，「短期業績・分析偏重型経営と MBA 教育」で簡単に触れている。
2) 金融化における企業，家計，政府，金融部門への浸透については，小倉 (2016) がまとめている。

7. コロナ禍後の制度の方向

　コロナ禍での海外 MBA 派遣制度の停止状態により，制度を実施する全ての企業が，その方向を検討している。この機会にこそ，制度の方向をしっかりと考察することが重要である。そこで，① 制度の継続，② 制度の廃止，③ 制度の再生，という方向を以下で提示する。

(1)　制度の継続

　［企業調査］から明らかになったのは，制度を実施している企業が考える制度の問題点は，「派遣コストが高い」「派遣したい社員が応募してこない」「社内に MBA の活躍の場が少ない」（各「ややその通り」「全くその通り」の合計5社），次いで，「派遣の成果の把握が難しい」「多くの社員を派遣できない」（各「ややその通り」「全くその通り」の合計4社），「派遣者の人選が難しい」「派遣期間が長い」「帰国後に退職者がでる」（各「ややその通り」「全くその通り」の合計3社）であった（資料1：問16）。制度を長期間実施してきた企業であっても，問題点は少なくない。制度運営の問題点は，派遣者の人選方法，少数派遣，長期派遣，派遣コストであり，MBA ホルダーの人材育成の問題点は，活用方法，成果の把握，退職者がでることである。

　今後の方向は，「派遣目的の明確化」（「ややその通り」5社），次いで，「エグゼクティブ MBA（管理者向け短期ビジネススクール）の導入・強化」（「ややその通り」4社），「人選方法の見直し」「学位取得（1年）のエグゼクティブ MBA 派遣の導入」（各「ややその通り」「全くその通り」の合計3社）であった。今後の制度運営については，人選方法の見直しとエグゼクティブ MBA（学位取得と管理者向け短期ビジネススクール）への関心があげられている。今後の MBA ホルダーの人材育成については，派遣目的の見直しがあげられていた。つまり，制度

の構成要素（図表1-6参照）における派遣目的，派遣者の選抜，MBAホルダーの帰国後の処遇，MBAホルダーの退職・継続勤務についての見直しが必要ということである。

　各企業が派遣目的をどのように考えるかによって，それに続く構成要素が変化する。各企業に必要なのは，各構成要素の内容を明確にし，構成要素間の関係を結び付け，一つの制度として運営していく流れをつくることである。MBAホルダーが退職・継続勤務しやすい構造（図表6-3，図表6-5参照）の例を参考にしながら，制度の構造を改革する必要である。

　最近の動向は，国内のビジネススクールへの派遣，国内・海外のエグゼクティブMBAへの派遣，海外のオンラインMBAの導入である。海外MBA派遣制度の派遣先についても，検討することが必要である。

　もう一度，日本的経営とMBAホルダーとの関係を検討してみよう。「日本企業」を川にかかっている「橋」に例えると，橋の上を渡るのは「通行人」としての「MBAホルダー」である。通行人としてのMBAホルダーが増え続けると，その重みによって橋は崩壊してしまう。この時点において，日本企業とMBAホルダーとの関係には変化が生じると考えた。限界が本質を明らかにする時点である。限界とは，橋が橋としての役割を担えなくなった状態である。本質とは，限界で生じる橋の崩壊という現象，すなわち日本企業の組織が，どのように変わるかである。限界に直面した日本企業は，どのような本質を明らかにするのか。

　しかしコロナ禍では，すべての状況が変わってしまった。社員を海外に留学させるという海外MBA派遣制度は，一旦停止してしまった。この時点において，制度の検討を行い，時代に即した制度へと改革する必要がある。

　制度を継続する先には，日本企業におけるグローバルな人材育成という課題が存在する。世界のグローバル化が進むにつれ，制度の企業にとっての存在意義や価値は，グローバル人材の育成問題と重なっていくだろう。MBAホルダーの企業内活用を行うことは，将来のグローバルな人材活用のための重要なキイになる。

⑵　制度の廃止

　制度の廃止という方向を考察するにあたり，制度を廃止したいと考えていた企業（人事部の数名）と，筆者との間で話し合いがあった例について，簡単に紹介する。2021 年に，［企業調査］への参加企業の中の 1 社から，メールでの問い合わせがあった。

　問い合わせの内容は，長期間にわたり海外 MBA 派遣制度を継続してきたが，今後の制度の方向を検討しているとのことであった。MBA ホルダーの退職者がでてしまっていることから，制度を続ける価値がないのではと考えていた。制度の開始から 20 年以上も経過していたため，その開始理由や継続理由を知る社員はすでにいない。同じ制度が延々と，毎年繰り返されていた。この制度の継続について，企業は否定的な態度であった。それでも長期間継続してきた制度を，簡単にやめて良いものか苦慮していた。

　この企業とは，制度の派遣目的と派遣内容について，ズームで丁寧に話し合った後，企業に社内での調査を依頼した。依頼した調査の内容は，① 人材の育成目的と制度の誘因目的の 2 つの派遣目的の存在の認識，② 社内の MBA ホルダーの現状（人材の育成目的の成果），③ 社内での MBA 学位の取得を望む社員の存在（制度の誘因目的の成果），である。

　過去に制度を見直した経験は少ないようであり，MBA ホルダーの退職者がでるたびに，この制度の存在を疑問視してきていた。そこで筆者は，企業の派遣目的の中に，制度を継続する理由や存在価値があると考え，それを社内で調べてもらうことにした。

　その後しばらくして，企業から連絡があった。この期間，企業は上記の 3 点について調査をしていた。派遣目的について企業はグローバルな人材育成という，人材の育成目的だけに注目してきたこと（制度の誘因目的の存在は，ほとんど認識していなかった），毎年，派遣者の 1 割程度の退職者がでていたことを報告してくれた。

　次いで，派遣で育成した MBA ホルダーの多くが，社内で重要な役職や職務についており，多様な部署で活躍していることが判明した。そのため，人材の

育成目的については，成果がある程度，認められると話していた。加えて社内には，MBA 学位の取得を望む社員は，常に一定数存在しており，この制度が存在しなければ，退職してでも学位を取得したいと考える社員がいることが判明した。そこで筆者は，派遣目的には制度の誘因目的も存在することを説明した。

　加えて，社内の管理職の中には，海外のエグゼクティブ MBA への派遣を望む社員もいることが判明した。MBA だけでなく，エグゼクティブ MBA への派遣を望む社員がいることに，企業は驚いていた。企業が認識していた以上に，ビジネススクールへの派遣を望む社員は，様々な部署や役職レベルに存在していたのである。

　その後，企業は制度について社内で話し合ったところ，MBA ホルダーの退職者がでているものの，2 つの派遣目的の存在とその成果について，社内で初めて確認することができたという。そのため，今後も社内の海外教育制度の中心を占める重要な制度として，継続していくことを決定した。

　この制度の成果を確認した後の問題点は，毎年，ごく少数の社員しか派遣できないことであった。MBA 学位を取得したいと考える多くの社員の要望に応えて，もっと多くの社員が MBA 学位を取得できる方法を考えたいという。今回の社内調査から，制度の誘因目的の成果を確認できたため，さらなる制度の改革を行いたいと考えていた。

　今回の企業との話し合いの中心点は，企業に 2 つの派遣目的の存在を認識させ，2 つの派遣目的の成果や効果を，社内で確認してもらったことである。制度全体のメリットを見直すことにより，企業の新たな認識が生まれ，制度の継続へとつながったのである。

　この例では，制度を継続する方向に進んだが，2 つの派遣目的の成果や効果が社内で確認できなかった場合，制度は廃止の方向に進むだろう。この場合，重要なのが MBA ホルダーの退職者に対する企業の認識である。派遣にかかるコストを高いと考えるのか，制度の費用対効果はあると判断するのか。MBA ホルダーの退職者がでることを問題視し，コストが高いという判断を下すので

あれば，それは当然，制度の廃止という選択に向かう。

　長い間継続してきた制度を廃止し，再び開設するのは難しい。多くの手間とコストを必要とするからである。

(3)　制度の再生

　「令和元年通信利用動向調査ポイント」(総務省，2019) によると，テレワークを「導入している」「具体的な導入予定がある」と回答した企業は約3割と，増加傾向にある。産業別では，「情報通信業及び金融・保険業における導入が多い」とする。同様に，「新型コロナ対策のための全国調査」(厚生労働省，2020) によると，全国のテレワークの導入率は27%（東京都で最大52%）と，政府目標の「7割」にはまだ届いていない。

　リクルートワークス研究所 (2020) では，リモートワークを実施する企業に勤務する人々に，「突然のリモートワークによって生じた現場や人事の課題は何か」という調査を実施し，150件の回答を得ている。「課題はなく，概ね順調だった」というのは数人だけで，突然始まったリモートワークによって，多くの人々が戸惑っている実態を明らかにした。回答を分類すると，① 準備不足，② 仕事の成果や進め方の曖昧さ，③ 全人格的な一体感を求める意識，④ リモートワークが福利厚生であるという思い込み，⑤ イノベーションに適さない階層的な硬直した組織，⑥ 採用における曖昧さ，であった (リクルートワークス研究所，2020：18-19)。

　日本企業でのオンラインでの仕事の浸透はあまり進んでおらず，課題も多い。その一方で，学習意欲の高い日本のビジネスパーソンは，柔軟性の高いオンライン教育を受講することを求めているという調査結果がある (Kikuchi, 2006)。また，海外の経営系大学院修了生が大学院を選定する際には，オンライン教育がその大学に存在するかが重視されるという調査結果もある。彼らが大学院の学びやすさの環境面で重視する点は，「特になし (38%)」が最も多いが，次いで，「サテライトキャンパスや遠隔授業の設定 (18%)」であった (工業市場研究所，2017)。

しかし［企業調査］では，海外 MBA 派遣制度を実施する企業のうち，今後の方向として，「ネットで取得できる MBA の導入」（「全く違う」「違う」の合計5社）を考える企業は少ない（資料1：問17）。社員を現地のビジネススクールに留学させるフルタイムの MBA プログラムへの派遣が，制度が始まった1950年代からの王道なのである。

　しかし，コロナ禍で浸透したオンライン教育に対し，日本企業も海外教育制度への導入を考える時期にきている。オンライン教育の中でも人気が高いオンライン MBA は，受講時間の柔軟性，場所を選ばない，低価格であることが，派遣する人数が限られており，手間やコストのかかる海外 MBA 派遣制度に替わる導入可能な制度になっている。

　オンライン MBA の導入を始めた企業も存在する。例えば三菱商事では，100人の10年目の管理職が，ハーバード大学とインシアードのビジネススクールのファイナンスやディベートのクラスを2か月間，週末のオンライン授業で受講可能なシステムを導入し，受講者には受講証明書を発行するというシステムを開始した。オンライン授業では，1人に20〜30万円しかかからないため，1人の社員をアメリカのビジネススクールに派遣（2年）するのに1千万円もかかることと比較して，格安で済むという利点が大きい[1]。社員が無料でオンライン MBA を受講できるという海外での制度を，2020年から日本人社員も利用できるようにした外資系企業の動きもある[2]。

　アメリカの大学では，オンラインと対面式を併用する「ハイブリッド型」への期待が高まっている。このような傾向は，日本企業の海外教育制度にも影響している。社内に MBA 学位を取得したいと考える社員が存在する場合には，海外のオンライン MBA の導入だけでも制度を代替することができる。

　一方，国内のオンライン MBA の企業への導入も可能である。国内の場合は日本語で授業を行うため，経営学を深く学べるという利点が大きい。国内の MBA プログラムを企業教育に導入して，全ての社員が無料で，いつでもプログラムを受講することを可能にしている企業もある。若手社員が対象で，社員の隙間時間にいつでも受講できるため，手軽さを重視して開発された MBA プ

ログラムである。[3] 導入企業は社員募集（ホームページ）において MBA プログラムに関する記述をしていることから，制度の誘因目的を重視している。

　一般に，学位取得が可能なオンライン MBA の企業への導入の際には，以下の点を明らかにしておくことが必要である。① オンライン MBA を導入する目的は何か，② 社内にオンライン MBA を受講したい社員はいるか，③ 社員がオンライン MBA を受講することにより，企業にどのようなメリットがあるか，④ オンライン MBA での取得学位を，社員の給与・昇進・配置・職務と結びつけることはできるか（MBA 学位を取得した社員の職務を変化させられるか），⑤ 学費の負担は誰がするのか，などである。

　さらには，① どの大学のオンライン MBA を導入するか，② 海外 MBA 派遣制度を実施していたら，その制度との関係はどうするか，③ 導入のための予算はいくらか，などを決めておく必要がある。加えて，その決断を下すのは，企業トップか，役員か，人事部なのか。誰が決断するかにより，導入方法や予算が変わってくるだろう。

　本格的なグローバルな人材育成を企業目的の一つにするならば，日本的な企業体質から脱出することが必要である。世界で活躍する MBA ホルダーが増加するとともに，日本企業における MBA ホルダーの育成や活用問題は，避けては通れない課題である。世界基準の企業教育制度の先端の一つが，オンライン MBA の導入であるため，コロナ後の世界はその方向に進むと確信する。

　世界におけるオンライン教育の浸透という状況が，海外 MBA 派遣制度の方向性を変えている。企業はオンライン MBA の導入をより簡単に，それも安いコストで行える時代がきたのである。世界の企業教育の流れに乗り遅れないためにも，十分な情報収集と迅速な決断が必要であろう。

　本書（「4. アメリカのオンライン MBA の動向」：73-90）で明らかにしたように，日本企業はアメリカのトップレベルのビジネススクール以外の大学が提供するオンライン MBA の導入を考えることで，その企業に適切で，コストも安くなる。そのためには，ミドルスクールや草の根スクールの大学が提供するオンライン MBA の導入を探ってみるのも選択肢の一つである。

1）"Mitsubishi to enroll 100 managers in Harvard and INSEAD courses"（2020）*Nikkei Asian Review*, Jan, 9.

2）「MBA 講座従業員無料」『日本経済新聞』（2020）7 月 20 日夕刊によると，大手会計事務所のアーンスト・アンド・ヤングは，世界の従業員 28 万人を対象に，オンライン教育で MBA 学位を取得できる無料の研修制度を始めた。

3）グロービス経営大学院のホームページと，グロービス経営大学院のプログラムを導入している企業のホームページを参照した。

引用・参考文献

和文献

朝日新聞出版（2003）「MBA 新時代始まる」「有力各社の MBA 事情」『AERA』6 月
　2 日号：8-13

アスペクト編集部（1986）『MBA』ビジネス・アスキー社

アスペクト編集部（1991）『続日本人 MBA』ビジネス・アスキー社

伊丹敬之（1987）『人本主義企業』ちくま学芸文庫

岩瀬大輔（2006）『ハーバード MBA 留学記』日経 BP 社

MBA バリュエーション・プロジェクト（2003）『MBA は本当に役に立つのか』東洋
　経済新報社

海外職業訓練協会（2004）「海外の大学・大学院等への派遣研修制度に関する実態調
　査について（概要）」

小倉将志郎（2016）『ファイナンシャリゼーション』桜井書店

梶並千春（2014）『アジアで MBA』英治出版

喜多元宏（2008）『間違いだらけの MBA』光文社

金雅美（2001）「プロフェッショナルとスペシャリスト」『人材教育』日本能率協会マ
　ネジメントセンター，8 月号：24-25

金雅美（2002）『派遣 MBA の退職』学文社

金雅美（2004）「私費 MBA の転職意識とその実態に関する一考察」和光大学社会学経
　済研究所『和光経済』36（1）：57-76

金雅美（2006）「国内 MBA のキャリア実態」和光大学経済経営学部創立 40 周年記念
　号『サミュエルソン・ドラッカーとその時代』：297-325

金雅美（2007）『MBA のキャリア研究』中央経済社

金雅美（2009）「国内ビジネススクールに対する 7 つの幻想」日本経営教育学会『経
　営教育研究』12（1）：45-56

金雅美（2014）「日本のビジネススクールの概要」和光大学社会経済研究所『和光経
　済』47（1）：1-8

金雅美（2015）「日米ビジネススクールの現状と課題」和光大学総合文化研究所年報
　『東西南北 2015』：146-169

金日坤（1992）『東アジアの経済発展と儒教文化』大修館書店

慶應義塾大学大学院経営管理研究科（2009）『検証ビジネススクール』慶應義塾大学

出版

神戸大学経営学部編 (1990)「日本経営教育システム構想委員会研究報告書」神戸大学経営学部

工業市場研究所 (2017)「国内外の経営系大学院及び修了生の実態並びに産業界の経営系大学院に対するニーズ等に関する調査 (報告書)」

小杉俊哉 (2015)『職業としての経営者』クロスメディア・パブリッシング

佐藤知恵 (2003)『ゼロからの MBA』新潮社

産労総合研究所 (1995)「90 社にみる海外留学制度の実態」『企業と人材』2 月 5 日号：28 (630)：17-30

産労総合研究所 (1999)「第 1 回人事制度等に関する総合調査」『賃金実務』1 月 1・15 日合併号 (828)：4-88

産労総合研究所 (2002)「第 2 回人事制度等に関する総合調査」『賃金実務』1 月 1・15 日合併号 (895)：4-82

産労総合研究所 (2004)「第 3 回人事制度等に関する総合調査」『賃金実務』1 月 1・15 日合併号 (962)：4-67

産労総合研究所 (2008)「第 4 回人事制度等に関する総合調査」『人事実務』1 月 1・15 日合併号 (1028)：4-75

産労総合研究所 (2011)「第 5 回人事制度等に関する総合調査」『人事実務』1 月 1・15 日合併号 (1094)：4-55

産労総合研究所 (2014)「第 6 回人事制度等に関する総合調査」『人事実務』1 月 1・15 日合併号 (1136)：7-57

産労総合研究所 (2017)「第 7 回人事制度等に関する総合調査」『人事実務』3 月号 (1170)：6-56

柴田徳太郎編著 (2016)『世界経済危機とその後の世界』日本経済評論社

高橋由明編著 (1996)『教育訓練の日・独・韓比較』中央大学出版部

土屋守章 (1974)『ハーバード・ビジネス・スクールにて』中央公論社

テュルパン・ドミニク，高津尚志 (2012)『なぜ，日本企業は「グローバル化」でつまずくのか』日本経済新聞出版社

中根千枝 (1967)『タテ社会の人間関係』講談社現代新書

中根千枝 (1972)『適応の条件』講談社現代新書

中根千枝 (1978)『タテ社会の力学』講談社現代新書

日経 HR 編 (2009)『日経キャリアマガジン特別編集 MBA，会計，MOT パーフェクトブック 2010 年度版』日本経済新聞出版社

日経 HR 編 (2010)『日経キャリアマガジン特別編集 MBA，会計，MOT パーフェクトブック 2011 年度版』日本経済新聞出版社

日経 HR 編 (2012)『社会人大学院ランキング 2013』日本経済新聞出版社

日経 HR 編 (2013)『社会人大学院ランキング 2014』日本経済新聞出版社

日経 HR 編（2014）『社会人大学院ランキング 2015』日本経済新聞出版社

日経 HR 編（2016）『社会人の大学院 2017』日本経済新聞出版社

日本能率協会マネジメントセンター（1994）『日本的人事システムのリデザイン』

沼上幹・軽部大・加藤俊彦・田中一弘・島本実（2007）『組織の〈重さ〉』日本経済新聞出版社

根本孝（1998）『ラーニング・シフト』同文舘

野村マネジメント・スクール（2000）『企業変革と経営者教育』野村総合研究所

平尾智隆・梅崎修・松繁寿和編著（2013）『教育効果の実証』日本評論社

フォーブス編集部（1997）「日本企業の MBA エリートたち」『フォーブス日本版』8月号，ぎょうせい：26

本田由紀編（2003）『社会人大学院修了者の職業キャリアと大学院教育のレリバンス：社会科学系修士課程（MBA を含む）に注目して（分析編：8）（資料編：12）』東京大学社会科学研究所研究シリーズ，東京大学社会科学研究所

森下正昭・牧田正裕・佐藤浩人（2013）「高等教育のグローバリゼーションと質保証システム」『社会システム研究』（27）：23-34

山崎祐二・岡田美紀子（2016）『一流の頭脳の磨き方』ダイヤモンド社

山田正喜子（2008）『山田正喜子著作選集』日本経営史研究所

横尾恒隆（2013）『アメリカにおける公教育としての職業教育の成立』学文社

吉田文（2010）「社会人学生の進学動機を探る」『カレッジマネジメント』3-4月号（161）：24-30

吉原英樹（2015）『国際経営［第 4 版］』有斐閣

リクルートワークス研究所（2015）「5 カ国比較"課長"の定義」『リクルート Works』（128）Feb/Mar.：4-27

リクルートワークス研究所（2020）「オンライン化による課題：その本質とは何か」『リクルート Works』（161）Aug/Sep.：6-37

労務行政研究所（1978）「最近における海外留学制度の実施状況」『労政時報』9 月 22 日号：10-45

労務行政研究所（1984）「海外留学制度：その現状と動向をみる」『労政時報』8 月 3 日号：2-48

欧文献

Abegglen, J. C.（1958）*Japanese Factory*, The Massachusetts Institute of Technology.（山岡洋一（訳）『日本の経営〈新訳版〉』日本経済新聞社，2004）

Abegglen, J. C.（2004）*21st-Century Japanese Management.*（山岡洋一訳『新・日本の経営』日本経済新聞社，2004）

Andrews, K. R.（1966）*The Effectiveness of University Management Development Programs*, The President and Fellows of Harvard College.

Bertrand, M., Goldin, C. and Katz, L. F. (2010) "Dynamics of the Gender Gap for Young Professionals in the Financial and Corporate Sectors", *American Economic Journal: Applied Economics 2* : 228-255.

Bruggeman, P., Chean, H. (2016) "Minding the Gap: Trapping the Potential of Women to Trnasform Business", *GMAC Research Report* : 1-13.

Copeland, M. T. (1958) *And Mark an Era the Story of the Harvard Business School*, The President and Fellows of Harvard College.

Dahlerup, D. (1988) "From a Small to a Large Minority: Women in Scandinavian Politics", *Scandinavian Political Studies*, 11(4) : 275-298.

Dietz, J. W. (1999) *The relevance of Executive MBA Programs: Student Expectations and Satisfaction*, The Claremont Graduate School 1997.

Eaton, C., Habinek, J., Goldstein, A., Dioun, C., Godoy, D. G. S., Osley-Thomas, R. (2016) "The Financialization of US Higher Education", *Socio-Economic Review*, 14(3) : 507-535.

Epstein, G. A. (2005) *Financialization and the World Economy*, Edward Elgar.

Eurich, N. P., Boyer, E. L. (1985) *Corporate Classrooms*, The Carnegie Foundation for the Advancement of Teaching.

Fresima. A. J., Associates, Inc. (1988) *Executive Education on Corporate America* (2nded), Executive Knowledge Workds.

Friedan, B. (1977) *The Feminine Mystique*, Curtis Brown Ltd., New York. (三浦冨美子訳『増補　新しい女性の創造』大和書房，1965)

Galagan, P. A. (1996) "The Diary of a Profession", *Training & Development*, Jan : 32-36.

Gallese, L. R. (1985) *Women Like Us*, William Morrow & Co. (江川雅子訳『ハーバードの女たち』講談社文庫，1991)

Gratton, L. (2011) *The Shift*, Harpercollins Pub Ltd.(池村千秋訳『ワーク・シフト』プレジデント社，2012)

Gitlow, L. A. (1995) *New York University's Stern School of Business*, New York University Press.

GMAC (2015) "mba.com Perspective Students Survey Report", GMAC.

GMAC (2018a) "Application Trends Survey Report 2018", GMAC.

GMAC (2018b) "mba.com Perspective Students Survey 2018", GMAC.

GMAC (2018c) "Corporate Recruiters Survey 2018", GMAC.

GMAC (2020) "Application Trends Survey Report 2020", GMAC.

Goldin, C., Katz, L. F. (2008) "Gender Differences in Careers, Education, and Games", *American Economic Review: Papers and Proceedings*, 98(2) : 363-369.

Gordon, F. E., Strober, M. H. (1978) "Initial Observations on a Pioneer Cohort: 1974

Women MBAs", *Sloan Management Review*, 19(2)：15-23.

Grove, A. S.（1983）*High Output Management*, Souvenir Press Ltd.（小林薫訳『High Output Management』日経 BP 社，2017）

Harrell, T. W.（1993）"The Association of Marriage and MBA Earnings", *Psychological Reports*, 72：955-964.

Haskel, J., Wrstlake, S.（2018）*Capitalism without Capital.*（山形浩生訳『無形資産が経済を支配する』東洋経済新報社，2020）

Johnson, S., Kwak, J.（2010）*13 Bankers*, Pantheon Books.（村井章子訳『国家対巨大銀行』ダイヤモンド社，2011）

Kikuchi, H.（2006）"Motivational Factors Affecting Online Learning by Japanese MBA Students", *Australasian Journal of Educational Technology*, 22(3)：398-415.

Koike, K., Inoki, T.（2003）*College Graduates in Japanese Industries*, The Japan Institute for Labour Policy and Training.

McNulty, N. G.（1985）*International Directory of Executive Education*, Pergamon Press.

Miller, D.（2016）"MBAs are more Self-serving than other CEOs", *Harverd Business Review*, December：32-33.（ミラー，D.「MBA を持った CEO は利己的になりやすいのか」『Diamond Harverd Business Review』9 月号：86-89，2017.

Morse, S. W.（1984）"Employee Educational Programs", *ASHE・ERIC Higher Education Research Report*,（7）, Association for the Study of Higher Education.

Noonan, M. C., Corcoran, M. E. and Courant, P. N.（2005）"Pay Differences Among the Highly Trained: Cohort Differences in the Sex Gap in Lawyers' Earnings", *Social Forces*, 84(2)：853-872.

Olson, J. T., Frieze, I. H. and Good, D. C.（1987）"The Effects of Job Type and Industry on the Income of Male and Female MBAs", *The Journal of Human resources*, 22(4)：532-541.

Oyer, P.（2008）"The Marking of an Investment Banker: Stock Market Shocks, Career Choice, and Lifetime Income", *The Journal of Finance*, LXⅢ(6)：2601-2628.

Peterson's（2000）*Bricker's International Directory: University Based Executive Development Programs*（31st ed）, Peterson's.

Reder, M. W.（1978）"An Analysis of a Small, Closely Observed Labor Market: Starting Salaries for University of Chicago M.B.A.'s", *Journal of Business*, 51(2)：263-297.

Verlander, E. G.（1986）*The Use of Proinciples of Adult Education in Six University Executive Programs*, Doctor of Education in Teachers College, Columbia University, Dissertation.

Vicere, A. A., Fulmer, R. M.（1998）*Leadership by Design,* Harvard Business School

Press.

Wallace, P. A. (1989) *MBAs on the First Track*, Harper & Row, Publishers.

Yoshihara, H., Kim, A. (2015) "Japanese Business Schools: Adaptation to Unfavorable Environments", *Japan Academy of International Business Studies*, 7(1) : 146-169.

Yoshihara, H., Okabe, Y. and Kim, A. (2011) "MBA and Japanese Style Management", *Nanzan University, Center for Management Studies*, Working Paper Series, (1104) : 1-17.

資料1：海外 MBA 派遣をする企業の回答の概要

海外 MBA 派遣制度に関する調査票

1. ご回答にあたって

⑴ この調査の目的は，海外 MBA 派遣制度の実態を明らかにすることです。

⑵ この調査における主な質問は，海外のビジネススクールへの派遣と派遣で育成した MBA ホルダーを念頭にお答えください。

⑶ 質問票は，貴社の MBA 派遣目的，人選方法，帰国後の処遇などからなっています。ご回答は，こうした点について，貴社を代表してお答えしていただける方にご記入いただきたく，お願いいたします。

2. ご返送のお願い

⑴ ご記入いただきました調査票は，ご多忙中とは思いますが，添付の封筒にてご返送いただきますようお願いいたします。

⑵ ご返送は恐れ入りますが，2月末日までにご投函くださいますようお願い申し上げます。

3. 調査結果がご必要であれば，下記の項目にご記入お願いいたします。

御 社 名	
調査結果の送付先住所	

問1. 貴社が海外のビジネススクールに社員を派遣する目的は何ですか（○印を付けてください）。

		重要でない	あまり重要でない	どちらともいえない	やや重要	重要
1	将来の経営幹部の育成	0社	0社	0社	2社	5社
2	将来のグローバル・マネジャーの育成	0社	0社	0社	5社	2社
3	優秀社員の獲得（派遣制度があるため）	0社	0社	3社	3社	0社
4	若手社員のインセンティブ効果	1社	0社	0社	5社	0社
5	他社も行っているため	3社	2社	2社	0社	0社
6	古くから派遣を行っているため	3社	1社	1社	1社	1社

問 2. 海外 MBA 派遣制度の会社案内や社員募集への記述を，どのくらい重視していますか。

		重要でない	あまり重要でない	どちらともいえない	やや重要	重要
1	会社案内（カタログ）への記述	1社	2社	2社	2社	0社
2	社員募集（HP）への記述	1社	2社	1社	3社	0社
3	就職情報サイトへの記述	1社	2社	2社	2社	0社

問 3. 派遣する社員に，ビジネススクールでどのようなスキルを修得して欲しいですか。

		重要でない	あまり重要でない	どちらともいえない	やや重要	重要
1	国際センス	0社	0社	0社	4社	3社
2	国際的人的ネットワーク	0社	1社	0社	4社	2社
3	英語力	0社	0社	0社	4社	3社
4	経営管理能力	0社	0社	0社	0社	7社
5	専門知識	0社	0社	1社	3社	3社
6	新しい経営情報と現地事情の収集	0社	0社	1社	2社	4社

問 4. 貴社の海外 MBA 派遣制度についてお尋ねします。

⑴　派遣者の対象年齢は何歳くらいですか（複数回答可）。

1. 20代前半	2. 20代後半	3. 30代前半	4. 30代後半	5. 40歳以上
0社	6社	4社	2社	0社

⑵　派遣制度に応募するための勤続年数は何年くらいですか（複数回答可）。

1. 1年	2. 2年	3. 3年	4. 4年	5. 5年以上
0社	1社	2社	4社	3社

⑶　派遣制度への応募資格はどうなっていますか。

		全く違う	違う	どちらともいえない	ややその通り	全くその通り
1	独身または単身留学可能な者	2社	0社	1社	2社	2社
2	応募できる部署を限定	6社	0社	0社	1社	0社
3	中途採用者も応募可能	0社	1社	0社	1社	5社
4	本社勤務の社員	3社	0社	2社	0社	0社
5	日本人社員	3社	1社	0社	0社	0社
6	男性社員（が中心）	3社	1社	1社	0社	1社

(4) 派遣先ビジネススクールの条件として，以下の事柄をどのくらい重視していますか。

		重要でない	あまり重要でない	どちらともいえない	やや重要	重要
1	ビジネススクール・ランキング	0社	0社	2社	3社	2社
2	企業との提携スクール	2社	0社	2社	2社	1社
3	派遣実績のあるスクール	3社	1社	2社	0社	1社
4	ロケーション	1社	0社	3社	2社	1社
5	学費が安いこと	2社	3社	2社	0社	1社
6	カリキュラムの内容	0社	1社	1社	2社	2社
7	本人の意思	0社	2社	1社	2社	4社

問 5. 貴社の海外 MBA 派遣制度の選抜方法についてお尋ねします。

(1) 派遣者の人選はどうなっていますか。

1. 指名・推薦・公募	2. 指名・推薦	3. 指名・公募	4. 推薦・公募	5. 指名のみ	6. 推薦のみ	7. 公募のみ	8. 決まっていない
1社	0社	1社	1社	0社	0社	4社	0社

(2) 過去 3 年くらいの応募者数は，派遣者数の何倍くらいですか。

1. 1～2 倍	2. 3～4 倍	3. 5～6 倍	4. 7～8 倍	5. 10 倍以上
2社	3社	0社	1社	1社

(3) 過去 3 年くらいの海外 MBA 派遣制度への応募者数の傾向を教えてください。

1. 減っている	2. ほぼ同じ	3. 増えている
4社	3社	0社

(4) 毎年，何人くらいを海外のビジネススクールに派遣していますか。

1. 1～2 人	2. 3～4 人	3. 5～6 人	4. 7～8 人	5. 10 人以上
7社	0社	0社	0社	0社

(5) 派遣のための選抜要因として，以下の事柄をどのくらい重視していますか。

		重要でない	あまり重要でない	どちらともいえない	やや重要	重要
1	英語力	0社	0社	0社	5社	2社
2	専門知識・資格	1社	1社	3社	2社	0社
3	業務成績	0社	0社	0社	3社	4社
4	上司の推薦	0社	1社	1社	3社	2社
5	社内試験（小論文）	1社	1社	1社	2社	2社
6	社内試験（筆記試験）	3社	0社	2社	1社	1社

7	面接	0社	0社	0社	2社	5社
8	大学の成績	4社	1社	1社	1社	0社
9	健康状態	0社	0社	2社	2社	2社
10	永年勤続の意志	0社	0社	2社	1社	4社
11	志望動機	0社	0社	0社	4社	3社
12	将来のキャリア設定	0社	0社	1社	4社	1社
13	本人の意欲	0社	0社	0社	1社	6社

(6) 派遣者の選抜のさいの英語力の審査方法を教えてください（複数回答可）。

1. TOEFLの点数	2. TOEICの点数	3. GMATの点数	4. 上司の推薦	5. 社内英語検定試験	6. 英語の小論文	7. 外国人講師によるテスト	8. 外部委託による英語試験
4社	4社	1社	1社	0社	0社	1社	0社

(7) 選抜された派遣者の英語力の向上のために，どのような支援を行っていますか（複数回答可）。

1. 日本での英語学校・予備校への派遣	2. 日本の大学での聴講	3. 海外の英語学校への派遣	4. 海外子会社への派遣	5. 企業内英語研修への参加	6. 個人の英語勉強への資金援助
3社	0社	1社	0社	1社	4社

(8) 派遣者の選抜は，どのようなメンバーで行っていますか（複数回答可）。

1. 人事部	2. 所属部署の上司	3. 役員	4. 社長	5. MBAホルダー
4社	2社	4社	1社	1社

問6. 派遣者の派遣中の処遇についてお尋ねします。

(1) 派遣者の派遣中の身分はどうなっていますか。

1. 変わらない (在職)	2. 出向	3. 休職
6社	1社	0社

(2) 派遣者の派遣中の所属はどこですか。

1. 人事部	2. 原職部署	3. 海外駐在員	4. 教育・研修部
5社	2社	0社	0社

(3) 派遣者の派遣中の一時帰国を認めていますか。

1. 認めない	2. 認めている	3. 条件付きで認める
0社	4社	3社

問 7. 派遣者との留学中のコミュニケーションについてお尋ねします。

(1) 留学中の派遣者とコミュニケーションするさい，以下の事柄をどのくらい行っていますか。

		全く行っていない	あまり行っていない	どちらともいえない	行っている	頻繁に行っている
1	中間報告書の提出	0 社	1 社	1 社	4 社	1 社
2	メールでのやり取り	0 社	1 社	1 社	4 社	1 社
3	国際電話	0 社	4 社	1 社	2 社	0 社
4	社内報・社内情報の配布	1 社	1 社	1 社	1 社	2 社
5	近くの海外子会社との交流	0 社	1 社	2 社	2 社	1 社
6	社員の海外出張のさいに交流	0 社	3 社	1 社	3 社	0 社
7	学校訪問	1 社	3 社	1 社	1 社	0 社

(2) 定期的な「中間報告書の提出」は，どのくらいの頻度で義務付けていますか。

1. 2 年に 1 回	2. 1 年に 1 回	3. 学期ごと	4. 2〜3 か月に 1 回	5. 毎月	6. 自由
0 社	0 社	2 社	1 社	3 社	1 社

(3)「中間報告書」の内容はどうなっていますか（複数回答可）。

1. 学業・成績	2. 留学の成果	3. 留学生活	4. 会計報告	5. 現地事情	6. 帰国後の職務希望	7. 自由
7 社	6 社	7 社	3 社	5 社	0 社	1 社

(4) 留学中の派遣者とコミュニケーションする目的として，以下の事柄をどのくらい重視していますか。

		重要でない	あまり重要でない	どちらともいえない	やや重要	重要
1	留学生活のサポート	0 社	1 社	2 社	4 社	0 社
2	派遣の成果の把握	0 社	0 社	3 社	3 社	1 社
3	帰国後の職務決定	0 社	4 社	1 社	1 社	1 社
4	社内における MBA 情報の蓄積	0 社	1 社	3 社	2 社	1 社

(5) 留学中の派遣者とのコミュニケーションは，おもに誰が行っていますか（複数回答可）。

1. 人事部	2. 原職部署の上司	3. 役員	4. 社長	5. 海外子会社
7 社	1 社	0 社	0 社	0 社

問 8. 派遣者の帰国後の対応についてお尋ねします。

(1) 派遣者の帰国後，行っているのはどんなことですか。

		重要でない	あまり重要でない	どちらともいえない	やや重要	重要
1	帰国報告	0社	0社	2社	2社	3社
2	帰国報告書の提出	0社	0社	1社	3社	2社
3	帰国報告会（幹部社員を対象）	0社	1社	2社	2社	2社
4	帰国報告会（一般社員を対象）	0社	1社	3社	1社	2社

(2) 「帰国報告」は誰にしますか（複数回答可）。

1．人事部	2．原職部署の上司	3．役員	4．社長	5．一般社員
6社	3社	5社	1社	2社

(3) 「帰国報告」の内容はどうなっていますか（複数回答可）。

1．学業・成績	2．留学の成果	3．留学生活	4．会計報告	5．現地事情	6．今後のキャリア希望	7．自由
4社	7社	5社	0社	5社	1社	0社

問 9. 派遣者 1 人の 2 年間（1 年間）の派遣コストの総額（給与を含める）は，いくらくらいですか。

1．1千万円	2．1千5百万円	3．2千万円	4．2千5百万円	5．3千万円以上
0社	0社	4社	1社	1社

問 10. 派遣前と比較して，派遣者の帰国後の処遇は変化しますか。

		変わらない	あまり変わらない	どちらともいえない	やや変わる	変わる
1	給与	4社	1社	0社	2社	0社
2	職位	3社	1社	1社	1社	0社
3	配属	0社	0社	3社	0社	0社
4	職務	0社	0社	0社	4社	2社

問 11. 派遣者を帰国後に特別処遇しない理由は何ですか。

		全く違う	違う	どちらともいえない	ややその通り	全くその通り
1	一般社員とのバランスをとるため	0社	0社	3社	3社	1社

2	派遣者にエリート意識を もたせないため	1 社	1 社	4 社	1 社	0 社
3	入社後取得の大学院の学 歴評価は行わない	0 社	0 社	3 社	3 社	1 社
4	派遣者も一般社員も仕事 の成果しだい	0 社	1 社	0 社	1 社	5 社

問 12. 派遣者の帰国後の職務はどうなっていますか。

		全く違う	違う	どちらとも いえない	ややその 通り	全くその 通り
1	国際的な職務（国内）	0 社	0 社	0 社	6 社	1 社
2	国際的な職務（海外）	0 社	2 社	0 社	5 社	0 社
3	経営管理・企画など	0 社	0 社	2 社	4 社	1 社
4	新規事業の立ち上げ	0 社	0 社	3 社	3 社	1 社
5	派遣前の職務に戻る	0 社	2 社	2 社	2 社	0 社

問 13. 現在，貴社に在職している海外への派遣で育成した MBA ホルダーについて お尋ねします。

(1) MBA ホルダーは，何人くらいいますか　　　　　　　　約（平均　22　）人

(2) 女性の MBA ホルダーは，何人くらいいますか　　　　　約（平均　2　）人

(3) 部長以上の MBA ホルダーは，何人くらいいますか　　　約（平均　7　）人

(4) 海外勤務している MBA ホルダーは，何人くらいいますか　約（平均　3　）人

問 14. 派遣者の帰国後の退職について，観察している範囲でお答えください。
(1) おもな退職理由は何でしたか（複数回答可）。

		全く違う	違う	どちらとも いえない	ややその 通り	全くその 通り
1	企業内に自分がしたい仕 事がない	0 社	1 社	1 社	5 社	0 社
2	修得したスキルが生かせ ない	0 社	1 社	3 社	2 社	1 社
3	企業の自分に対する評価 が低い	0 社	1 社	3 社	3 社	0 社
4	処遇に不満	0 社	0 社	5 社	2 社	0 社

(2) 2000 年以降，どのくらいの派遣者が退職しましたか（2000 年以降の派遣者数の

中での退職率）。

1. 0%	2. 10〜20%	3. 30〜40%	4. 50〜60%	5. 70〜80%	6. 100%
2社	3社	0社	1社	0社	1社

⑶ 退職した派遣者のその後のおもな方向を教えてください（複数回答可）。

1. 外資系企業への転職	2. 日本企業への転職	3. 独立
1社	5社	0社

⑷ 退職した派遣者のおもな退職時期を教えてください（複数回答可）。

1. 留学中	2. 帰国後 1〜2 年	3. 帰国後 3〜4 年	4. 帰国後 5 年以降
0社	3社	3社	3社

⑸ 派遣者の帰国後の派遣コストの返還はどうなっていますか。

1. 返還義務（1 年以内の退職）	2. 返還義務（3 年以内の退職）	3. 返還義務（5 年以内の退職）	4. 返還義務（10 年以内の退職）	5. 返還義務はない
0社	1社	3社	0社	1社

問 15. 派遣者の退職についてどのように考えていますか。

		全く違う	違う	どちらともいえない	ややその通り	全くその通り
1	優秀社員の損失	1社	0社	0社	3社	3社
2	派遣コストの損失	1社	0社	0社	3社	3社
3	企業のイメージダウン	3社	0社	3社	1社	0社
4	退職者がでるのは仕方がない	0社	1社	1社	5社	0社
5	MBA の育成は一種の社会貢献	1社	3社	3社	0社	0社
6	退職者がでても派遣を継続することに意味がある	0社	1社	3社	3社	0社
7	退職者がでるため派遣を中止したい	1社	3社	1社	1社	0社

問 16. 海外 MBA 派遣制度の問題点はなんですか。

		全く違う	違う	どちらともいえない	ややその通り	全くその通り
1	派遣目的が不明確	4社	0社	1社	2社	0社
2	派遣者の人選が難しい	2社	1社	1社	2社	1社
3	派遣したい社員が応募してこない	1社	1社	0社	4社	1社

4	派遣できない社員のモチベーションが下がる	1社	2社	2社	2社	0社
5	多くの社員を派遣できない	1社	1社	0社	3社	1社
6	派遣期間が長い	0社	1社	3社	2社	1社
7	派遣コストが高い	1社	0社	1社	4社	1社
8	留学中の派遣者の管理方法	1社	0社	4社	2社	0社
9	社内に MBA の活躍の場が少ない	0社	0社	2社	4社	1社
10	派遣の成果の把握が難しい	1社	0社	2社	3社	1社
11	MBA のスキルが実務に役立たない	1社	1社	4社	1社	0社
12	MBA のスキルをなかなか生かしきれない	0社	0社	5社	1社	0社
13	帰国後に退職者がでる	1社	0社	3社	2社	1社
14	有効な退職対策がみあたらない	1社	0社	3社	1社	1社
15	制度が古くなってきた	2社	0社	3社	1社	1社

問 17. 海外 MBA 派遣制度の今後の方向を教えてください。

		全く違う	違う	どちらともいえない	ややその通り	全くその通り
1	派遣目的の明確化	1社	0社	1社	5社	0社
2	帰国後の職務配置を工夫する	0社	2社	2社	1社	1社
3	退職対策の強化	1社	1社	4社	1社	0社
4	退職しにくい社員を派遣する	1社	2社	2社	1社	1社
5	女性の派遣者を増やす	0社	1社	4社	2社	0社
6	派遣先の見直し	1社	1社	3社	2社	0社
7	人選方法の見直し	0社	1社	3社	2社	1社
8	エグゼクティブ MBA（管理者向け短期ビジネススクール）の導入・強化	1社	1社	2社	4社	0社
9	学位取得（1 年）のエグゼクティブ MBA 派遣の導入	1社	3社	0社	3社	0社
10	ネットで取得できる MBA の導入	2社	3社	1社	1社	0社

問 18. 海外教育制度の内容を教えてください。

		あり	なし
1	アメリカのビジネススクール	7 社	0 社
2	ヨーロッパのビジネススクール	4 社	0 社
3	アジア諸国のビジネススクール	3 社	0 社
4	MA（経済・社会系・文系大学院）	1 社	0 社
5	技術系大学院（理系・医系・薬学）	1 社	0 社
6	ロースクール（法律大学院）	2 社	0 社
7	語学／海外トレーニー	3 社	0 社
8	大学以外の研究機関／シンクタンク	2 社	0 社
9	海外のエグゼクティブ MBA（管理者向け短期ビジネススクール）	1 社	0 社
10	国内のビジネススクール（MBA）	2 社	0 社
11	国内のエグゼクティブ MBA（管理者向け短期ビジネススクール）	0 社	0 社

問 19. アジアのビジネススクールへの派遣を行っている企業にお尋ねします。派遣目的を教えてください。

		全く違う	違う	どちらともいえない	ややその通り	全くその通り
1	アジア地域の経営幹部の育成のため	0 社	0 社	2 社	0 社	1 社
2	アジア地域のグローバル・マネジャーの育成のため	0 社	0 社	2 社	0 社	1 社
3	アジアでの経営情報や現地事情の収集のため	0 社	0 社	2 社	0 社	1 社
4	派遣者に現地の言語の修得を期待している	0 社	0 社	2 社	1 社	0 社
5	アジアでの人脈の形成に期待している	0 社	0 社	2 社	1 社	0 社
6	アジアのビジネススクールランキングを重視している	0 社	0 社	3 社	0 社	0 社
7	アジアへは戦略的に派遣している	0 社	0 社	2 社	1 社	0 社
8	アジアへの派遣は本人の希望による	0 社	0 社	2 社	1 社	0 社
9	アジアへの派遣者を増やしたい	0 社	0 社	3 社	0 社	0 社

問 20. 海外への EMBA（管理者向け短期ビジネススクール）への派遣を行っている企業にお尋ねします。

(1) 海外へのエグゼクティブ MBA（管理者向け短期ビジネススクール）派遣について教えてください。

		全く違う	違う	どちらともいえない	ややその通り	全くその通り
1	管理者層の経営教育のため	0社	0社	0社	1社	1社
2	管理者層のグローバル教育のため	0社	0社	0社	1社	1社
3	管理者層の英語力の修得のため	0社	0社	1社	1社	1社
4	管理者層の人脈の形成のため	0社	0社	1社	0社	0社
5	派遣人数を増やしたい	0社	1社	1社	0社	0社
6	派遣期間を延ばしたい	0社	1社	1社	0社	0社
7	提携先のビジネススクールを増やしたい	0社	1社	1社	0社	0社
8	エグゼクティブ MBA での学習内容を工夫したい	0社	1社	0社	1社	0社
9	アジアのエグゼクティブ MBA も利用してみたい	0社	0社	1社	1社	0社

⑵　毎年，何人くらいを EMBA（管理者向け短期ビジネススクール）に派遣していますか。

1. 1〜5 人	2. 5〜10 人	3. 10〜15 人	4. 15〜20 人	5. 20〜25 人	6. 30 人以上
2社	0社	0社	0社	0社	0社

⑶　1 年間に EMBA（管理者向け短期ビジネススクール）へ派遣する期間はどのくらいですか。

1. 1 週間以内	2. 1〜2 週間	3. 2〜3 週間	4. 1 か月	5. 2〜3 か月	6. 半年以上
0社	0社	0社	0社	1社	1社

⑷　海外への EMBA（管理者向け短期ビジネススクール）派遣は，いつごろから始まりましたか。

1. 1980 年代	2. 1990 年代	3. 2000〜2005 年	4. 2005〜2010 年	5. 2010〜2015 年	6. 2015 年以降
0社	0社	0社	1社	0社	1社

海外 MBA 派遣制度について，貴社の貴重なご意見，ご体験がありましたらお聞かせ
ください。

お忙しいところご協力いただき，誠にありがとうございました。

注：回答数（n＝7社）が少ないため，パーセント表示は省いている。

資料2：海外 MBA 派遣をしない企業の回答の概要

海外のビジネススクールへの派遣を行っていない企業の方にお尋ねします。

問1. 海外のビジネススクールへの派遣状況を教えてください。

1. 過去に派遣していた	2. 将来は派遣を行いたい	3. 今後も派遣は行わない
7 社	13 社	62 社

注：この他，不明は 7 社である（n＝89）。

問2. 貴社が海外のビジネススクールへの派遣を行わない理由を教えてください（全体）。

		全く違う	違う	どちらともいえない	ややその通り	全くその通り
1	派遣コストが高いため	5 社 （ 6%）	4 社 （ 5%）	23 社 （27%）	29 社 （35%）	23 社 （27%）
2	派遣期間が長いため	6 社 （ 7%）	16 社 （18%）	28 社 （32%）	22 社 （25%）	16 社 （18%）
3	多くの社員を派遣できないため	8 社 （10%）	11 社 （14%）	17 社 （21%）	27 社 （33%）	18 社 （22%）
4	社内に MBA 人材を必要としていない	11 社 （13%）	13 社 （15%）	21 社 （25%）	19 社 （23%）	20 社 （24%）
5	派遣できない社員のモチベーションが下がるため	20 社 （25%）	27 社 （34%）	30 社 （38%）	2 社 （ 3%）	0 社 （ 0%）
6	派遣後に退職者がでるため	11 社 （14%）	15 社 （19%）	43 社 （53%）	8 社 （10%）	4 社 （ 5%）
7	MBA よりもエグゼクティブ MBA（管理者向け短期ビジネススクール）に関心があるため	11 社 （14%）	15 社 （19%）	38 社 （48%）	14 社 （18%）	2 社 （ 3%）
8	将来の経営幹部の育成には役立たないため	13 社 （16%）	20 社 （24%）	37 社 （45%）	11 社 （13%）	1 社 （ 1%）
9	将来のグローバル・マネジャーの育成には役立たないため	14 社 （18%）	21 社 （26%）	40 社 （50%）	4 社 （ 5%）	1 社 （ 1%）
10	入社後取得の大学院の評価はしないため	16 社 （20%）	27 社 （33%）	27 社 （33%）	9 社 （11%）	2 社 （ 2%）
11	過去に派遣した経験がないため	8 社 （10%）	6 社 （ 7%）	20 社 （25%）	26 社 （32%）	21 社 （26%）

注：n＝89。

問3. 貴社が海外のビジネススクールへの派遣を行わない理由を教えてください（過去に派遣していた企業）。

		全く違う	違う	どちらともいえない	ややその通り	全くその通り
1	派遣コストが高いため	0社	1社	1社	3社	2社
2	派遣期間が長いため	0社	2社	2社	3社	0社
3	多くの社員を派遣できないため	2社	1社	1社	0社	2社
4	社内にMBA人材を必要としていない	2社	2社	2社	4社	0社
5	派遣できない社員のモチベーションが下がるため	3社	1社	3社	1社	1社
6	派遣後に退職者がでるため	2社	2社	0社	1社	2社
7	MBAよりもエグゼクティブMBA（管理者向け短期ビジネススクール）に関心があるため	2社	1社	1社	3社	0社
8	将来の経営幹部の育成には役立たないため	4社	1社	1社	0社	0社
9	将来のグローバル・マネジャーの育成には役立たないため	4社	1社	1社	0社	0社
10	入社後取得の大学院の評価はしないため	3社	3社	1社	0社	0社
11	過去に派遣した経験がないため	5社	1社	0社	0社	0社

注：回答数（n＝7社）が少ないため，パーセント表示は省いている。

問4. 海外教育制度の内容を教えてください。

		あり
1	海外のMA（経済・社会系・文系大学院）	3社（ 5%）
2	海外の技術系大学院（理系・医系・薬学）	2社（ 3%）
3	海外のロースクール（法律大学院）	3社（ 5%）
4	語学／海外トレーニー	23社（36%）
5	海外の大学以外の研究機関／シンクタンク	3社（ 5%）
6	海外のエグゼクティブMBA（管理者向け短期ビジネススクール）	2社（ 3%）
7	国内のビジネススクール（MBA）	12社（19%）
8	国内のエグゼクティブMBA（管理者向け短期ビジネススクール）	16社（25%）

注：n＝89。

　　お忙しいところご協力いただき，誠にありがとうございました。

索　引

著者紹介

キム　アミ
金　雅美

現　　職　和光大学経済経営学部教授
　　　　　ニューヨーク大学卒業，ペパーダイン大学ビジネススクール
　　　　　（MBA）
　　　　　明治大学大学院経営学研究科博士後期課程修了
　　　　　博士（経営学）

主要著書　『派遣 MBA の退職：日本企業における米国 MBA 派遣制度の
　　　　　研究』（学文社，2002）・『キャリア・エンジンとしての MBA：
　　　　　日本 MBA と米国 MBA の比較』（学文社，2004）・『MBA の
　　　　　キャリア研究：日本・韓国・中国の比較分析』（中央経済社，
　　　　　2007）・『国際経営を学ぶ人のために』（共著，世界思想社，
　　　　　2001）・『グローカル経営：国際経営の進化と深化』（共著，
　　　　　同文館，2004）・『テキスト企業文化』（共著，泉文堂，
　　　　　2004）・『経営入門：価値創造と企業経営』（共著，学文社，
　　　　　2006）・『人事管理：人事制度とキャリア・デザイン』（編著，
　　　　　学文社，2006）

主要論文　Yoshihara, H., Kim, A. (2015) "Japanese Business Schools:
　　　　　Adaptation to Unfavorable Environments", *Japan Academy
　　　　　of International Business Studies*, 7(1)：146-169.

MBA と日本的経営—海外 MBA 派遣制度の実態と構造

2021年12月20日　　第 1 版第 1 刷発行

著　者　金　雅美

発行者　田中　千津子

発行所　㈱学文社

〒153-0064　東京都目黒区下目黒 3 - 6 - 1
電話　03（3715）1501 代
FAX　03（3715）2012
https://www.gakubunsha.com

© Ami KIM 2021　　　　　　　　　　Printed in Japan
乱丁・落丁の場合は本社にてお取替えします。
定価はカバーに表示。　　　　　　　印刷　新灯印刷（株）

ISBN978-4-7620-3119-9